"十四五"职业教育国家规划教材配套用书

出纳岗位实务实训

（第二版）

主　编　尹湘萍
副主编　保　吉　吴　娟

中国财经出版传媒集团
中国财政经济出版社
·北京·

图书在版编目（CIP）数据

出纳岗位实务实训／尹湘萍主编． -- 2 版． -- 北京：中国财政经济出版社，2025.2． -- （"十四五"职业教育国家规划教材配套用书）． -- ISBN 978 - 7 - 5223 - 3441 - 7

Ⅰ．F233

中国国家版本馆 CIP 数据核字第 2024GM9630 号

责任编辑：彭洋洋　　　　　　责任校对：徐艳丽
封面设计：卜建辰　　　　　　责任印制：张　健

出纳岗位实务实训（第二版）
CHUNA GANGWEI SHIWU SHIXUN（DIERBAN）

中国财政经济出版社 出版

URL：http：//www.cfeph.cn
E - mail：cfeph@ cfeph.cn
（版权所有　翻印必究）

社址：北京市海淀区阜成路甲 28 号　邮政编码：100142
营销中心电话：010 - 88191522
天猫网店：中国财政经济出版社旗舰店
网址：https：//zgczjjcbs.tmall.com
北京密兴印刷有限公司印刷　各地新华书店经销
成品尺寸：185mm×260mm　16 开　10.75 印张　267 000 字
2025 年 2 月第 2 版　2025 年 2 月北京第 1 次印刷
定价：29.00 元
ISBN 978 - 7 - 5223 - 3441 - 7
（图书出现印装问题，本社负责调换，电话：010 - 88190548）
本社图书质量投诉电话：010 - 88190744
打击盗版举报热线：010 - 88191661　QQ：2242791300

编写说明

本书为"十四五"职业教育国家规划教材《出纳岗位实务(第三版)》的配套技能实训用书,既适用于全国高职高专院校财经类专业的实践教学,也可作为辅助新型数字教学技术的教学资源,同时还可用于企业会计人员的岗前培训和继续教育。

出纳工作是会计工作流程中的重要环节,岗位职责主要包括现金收付和银行结算业务,以及现金、票据、有价证券的保管等。本书以培养出纳岗位工作能力为主线、以工学结合为切入点、以产教融合为契合点、以岗位要求为标准、以工作流程为导向,以核心任务为原则,结合日常工作需要,模块化设计本教材,模拟企业典型业务,以场景式应用解决职业教育实训"难实施、难观摩、难再现"的痛点,使出纳人员沉浸式进行模块技能实训,体验全流程办理业务。旨在将学生理论知识与实践操作相融合,提升对出纳岗位的适应性和匹配度。以"岗课赛证"综合育人模式,将技能培养和能力训练贯穿教育教学全过程,提升学生职业技能水平,树立良好工作作风,打造高尚职业道德。

本教材由云南财经职业学院尹湘萍教授担任主编,负责拟定编写大纲,并对全书进行总纂和最终定稿。实训一、实训二由吴娟编写;实训三、实训五由保吉编写;实训四由尹湘萍和保吉共同编写。

在教材编写过程中,得到了中国财政经济出版社、云南财经职业学院和厦门网中网软件有限公司的大力支持和帮助,在此一并致谢。财经商贸领域发展日新月异,因编者水平有限,书中难免有疏漏及不足之处,敬请各位读者批评指正。

编者

2025 年 1 月

目 录

实训一　财经数字书写 …………………………………………………………（ 1 ）

实训二　原始凭证的填制 ………………………………………………………（ 6 ）

实训三　日记账的设置与登记 …………………………………………………（ 15 ）

实训四　出纳岗位综合实训 ……………………………………………………（ 29 ）

实训五　会计凭证的装订与保管 ………………………………………………（ 83 ）

附件一　空白凭证 ………………………………………………………………（ 91 ）

　　收款凭证（18 张）…………………………………………………………（ 91 ）

　　付款凭证（27 张）…………………………………………………………（109）

　　转账凭证（13 张）…………………………………………………………（135）

附件二　空白账页 ………………………………………………………………（149）

　　库存现金日记账（4 页）……………………………………………………（149）

　　银行存款日记账（5 页）……………………………………………………（157）

实训一

财经数字书写

一、实训目的

通过学习认知出纳岗位实训,学生能较系统地练习企业会计核算的基本程序和具体方法,加强对专业理论知识的理解,增强实际操作动手能力,提高运用会计基本技能的水平,并能够切身体验会计工作中出纳岗位的具体工作,从而对所学理论有一个较系统、完整的认识,最终达到会计理论与会计实践相结合的目的。

二、技能要求

(一)财经数字书写规范

1. 小写数字书写规定。小写金额数字须使用世界通用的阿拉伯数字,即0、1、2、3、4、5、6、7、8、9,必须规范书写行为,符合手写体的要求。

(1)阿拉伯数字金额前,均应填写人民币符号"¥"。

(2)阿拉伯数字须按照从高位到低位(从左到右)的顺序书写,不得连写,字迹清晰,不得涂改、刮补。

(3)倾斜书写,数字的书写要有一定的斜角度,向右倾斜60度为宜。

(4)位置适当,数码字高度一般要求占全格的1/2为宜,为改错留有余地。

2. 大写数字书写规定。中文大写金额数字应用汉字正楷或行书书写,即:零、壹、贰、叁、肆、伍、陆、柒、捌、玖、拾、佰、仟、万、亿、元、角、分、整。不得使用任意自造简化字;大写金额数字应紧跟"人民币"填写,中间不得留空;未印"人民币"字样的须加上"人民币"。

(1)正确运用"整"。凡是大写金额到"元"及以上的,一律在金额后面加上"整",如¥617.00,大写为"人民币陆佰壹拾柒元整";大写金额到"角"的,在"角"后加"整",如¥45.60,大写为"人民币肆拾伍元陆角整";大写金额到"分"的,"分"后不加"整",如¥8 239.62,大写为"人民币捌仟贰佰叁拾玖元陆角贰分"。

(2) 正确写"零"。凡小写金额中间带有"0"的,中文大写中应写作"零"字,如¥30 508.04,大写为"人民币叁万零伍佰零捌元零肆分";小写金额中有2个及以上"0"的,中文大写只写一个"零"字,如¥400 070.10,大写为"人民币肆拾万零柒拾元壹角整"。

3. 易错点。

(1) 已经印有数位线(金额线)的凭证,数码字的书写规范。如记账凭证、支票、收据和账簿等,必须在金额栏内逐格顺序对位书写,如果"角""分"栏无金额,应该以"0"补位,也可在格子的中间划一短横线代替;如果金额有"角"无"分",则应在分位上补写"0",不能用短横线代替。

(2) 未印有数位线(金额线)的凭证,数码字的书写规范。"元"和"角"之间要用小数点".",有时也可以在角分数字之下划一短横线,如¥35 421.67或¥35 421.67;如果没有"角""分",仍应在元位后的小数点"."后补写"00"或划一短横线,如¥26 533.00;如果金额有"角"无"分",则应在分位上补写"0",如¥43 837.30(不能写成¥43 837.3)。

(3) 凡阿拉伯数字前写有币种符号的,数字后面不再写货币单位。如"¥560.00元"和"人民币¥560.00元"是错误的;印有"人民币"三个字便不可再写"¥"符号,但在金额末尾应加写"元"字,如"人民币560.00"就是错误的。

(4) 数码金额书写到分位为止,元位以下采用四舍五入的方法保留至分位。

少数情况下,如计算百分率、折旧率、加权平均单价、单位成本及分配率等,也可以采用多位小数,以达到计算比较准确的目的。

(5) 财经数字书写错误的订正方法。会计资料审核后,发现财经数字书写错误时,切忌刮擦(也不可用胶带粘掉)、挖补、涂改,也不可使用褪色药剂和涂改液,而是应该按照规定的方法进行订正。

(二) 文字项目书写规范

文字项目书写用于填写防止涂改的销货发票、银行结算凭证等,不论是文字描述还是金额大写均不能写错,一旦写错,则该凭证作废,需要重新填写凭证。

1. 文字项目书写的基本要求。

纠正常见的书写不规范行为。如字迹潦草,字体过大,书写字形欠佳。书写文字时,不能用谐音字、错别字、简化字,应符合以下几点要求。

(1) 端正书写态度,字迹工整清晰。

(2) 位置适当,汉字占格距的1/2较为适宜,落笔在底线上。

(3) 摘要简明,要用简短的文字把经济业务的内容记述清楚,尤其要以写满不超出该栏格为限。

(4) 会计科目要准确,必须写全称,不能简化。

2. 中文大写数字的写法。

(1) 中文大写数字金额前应标明"人民币"字样,且其与首个金额数字之间不留空白。

(2) 中文大写数字金额一律用正楷或行书书写。不得用"廿"代替贰拾,用"卅"代替叁拾,用"毛"代替角,用"另(或〇)"代替"零";也不得使用任意自造简化字(如书写大写金额数字时用〇、一、二、三、四、五、六、七、八、九、十、百、千、毛、块等代替)。

（3）表示数位的文字（拾、佰、仟、万、亿）前必须有数字，如"拾元整"应该写成"壹拾元整"，因为这里的"拾"应看作数位文字。

3. 日期的书写要求。

为防止编造票据的出票日期，票据的出票日期必须使用中文大写，并且书写时做到字迹清晰工整、落笔无悔。

（1）年的书写。年份直接按照中文日期填写，如2024年写成"贰零贰肆年"。

（2）月的书写。1月、2月，须在大写时加上"零"，如"零壹月""零贰月"；3月—9月，大写直接按照中文日期填写，如"伍月""玖月"；10月特殊些，应写成"零壹拾月"；11月、12月要在大写前加"壹"，如"壹拾壹月""壹拾贰月"。

（3）日的书写。1日—9日，必须在前面加"零"，如"零陆日"；10日特殊些，应写成"零壹拾日"；11日—19日，要在大写前加"壹"，如"壹拾捌日"；20日、30日，特殊些，应写成"零贰拾日""零叁拾日"；21日—29日、31日，直接中文填写，如"贰拾柒日"。

三、实训资料

1. 请完成财经大写金额写法实训（见表1-1）。

表1-1

序号	小写（数码金额）	大写（文字金额）
1	￥7 800.00	
2	￥4 308.62	
3	￥63 009.50	
4	￥5 037 000.00	
5	￥6 000.29	
6	￥12.37	
7	￥8 509.04	
8	￥700 543.10	
9	￥15.40	
10	￥100 075.94	

2. 请完成财经小写金额写法实训（见表1–2）。

表1–2

序号	大写（文字金额）	小写（数码金额）
1	人民币陆拾玖万零壹拾贰元整	
2	人民币壹佰叁拾万元整	
3	人民币陆佰玖拾贰万肆仟元零壹分	
4	人民币捌仟元零伍拾柒元叁角伍分	
5	人民币肆亿零陆佰元叁角整	
6	人民币玖拾捌万壹仟元零壹分	
7	人民币壹拾柒元捌角陆分	
8	人民币叁仟玖佰万零拾伍元零玖分	
9	人民币贰拾伍亿零玖拾柒元整	
10	人民币捌拾陆万肆仟叁佰元柒角整	

3. 请用中文大写数字规范书写表1–3中的"票据（支票）日期"栏。

表1–3

序号	日期	票据（支票）日期
1	1998年7月6日	
2	2000年5月30日	
3	2003年11月9日	
4	1982年1月20日	
5	2016年2月17日	
6	2017年1月31日	
7	2024年3月10日	
8	2027年4月6日	
9	2030年12月1日	
10	2025年10月10日	

4. 请按题目要求完成下列实训。

（1）20××年2月15日，出纳收到综合部员工李明交来的单位门口乱停放车辆罚款收入200元。要求：以出纳身份填写表1-4并加盖相应印章。

表1-4

收 款 收 据

入账日期： 年 月 日

| 今收到：_____ |
| 交来：_____ |
| 金额（大写）人民币 拾 万 仟 佰 拾 元 角 分 |
| ￥ □现金 □支票 □领用卡 □其他 收款单位（盖章） |

会计　　　　　　　　　　出纳　　　　　　　　　经手人

第三联财务联

（2）20××年6月10日，出纳发现保险柜中现金余额不足，申请提取备用金5 000元，得到财务部经理批准后填写现金支票（见表1-5）。要求：以出纳身份填写表1-5并加盖相应印章。

表1-5

[中国工商银行现金支票及存根]

贴粘单处 根据《中华人民共和国票据法》等法律法规的规定，签发空头支票由中国人民银行处以票面金额5%但不低于1 000元的罚款。

实训二

原始凭证的填制

一、实训目的

1. 熟悉各种经济业务发生时应填制的原始凭证的种类、格式及内容,并掌握其填制的方法,加深对原始凭证有效性的认识。

2. 熟悉原始凭证填制的一般要求及相关规定,掌握原始凭证的填制方法,提高判断、鉴别原始凭证真实性、合法性、合理性的水平。

二、技能要求

(一) 总体要求

1. 原始凭证是企业记录发生的经济业务的原始资料,其填制方法和要求既有共性又有特性。在填制原始凭证之前,应先熟悉每笔经济业务,对经济业务的性质、发生的条件、原因、制度规定和情况有所了解,在此基础上,选择适用的原始凭证并按照原始凭证的填制要求,认真逐笔填制原始凭证。

2. 对填制完毕的原始凭证,根据有关会计法规、政策、制度的规定,对原始凭证的真实性、完整性、合法性、正确性进行严格审核。经过审核并确认无误的原始凭证,才能作为编制记账凭证和登记账簿的依据。

(二) 具体操作要求

填制原始凭证的具体要求主要包括以下 6 个方面。

(1) 真实可靠。凭证上有关经济业务的内容、金额等必须根据实际情况填列,不能弄虚作假、歪曲事实,不涂改、挖补,这样才能保证原始凭证的真实可靠,也才能保证在此基础上形成的会计核算资料的真实可靠。

（2）内容完整。凡是按照凭证格式规定需填写的各项内容必须填写齐全，不得遗漏和省略，以便完整地反映经济活动的全貌。尤其需要注意的是：年、月、日要按照填制原始凭证的实际日期填写；名称要写全，不能简化；品名或用途要填写明确，不得含糊不清；有关人员的签章必须齐全。

（3）数字准确。凭证上有关数字的计算必须准确无误。大小写金额必须相符，数量、单价和金额之间的计算必须准确等。

（4）填制及时。有关人员必须在经济业务发生或完成时及时填制原始凭证，以便及时反映经济业务并进行会计核算。

（5）书写清楚。即字迹端正、易于辨认，做到数字书写符合会计上的技术要求，文字工整，不潦草、不混乱；复写的凭证，要不串格、不串行、不模糊。

（6）顺序使用。即收付款项或实物的凭证要按顺序或分类编号，编制时按照编号的顺序使用，跳号的凭证应当加盖"作废"戳记，不得撕毁。

三、实训资料

（一）企业概况

企业名称：北京市辰新商贸有限公司
地址：北京市海淀区马神庙231号
电话：（010）68538042
法定代表人：马进
企业类型：有限责任公司
经营范围：主要从事电子设备的加工和销售业务
纳税人识别号：11230316MA7HDQ540L（认定为一般纳税人）
基本账户开户银行：中国工商银行北京市马神庙支行
银行账号：23456798737
公司人员构成：
财务部：李密（财务部经理）、李宏（会计主管）、孙娟（总账会计）、王丽（成本会计）、周云（出纳）
采购部：严浩（主管）、张华
综合部：王琴、李明

（二）实训练习

20××年2月北京市辰新商贸有限公司发生部分经济业务如下，请根据相关业务描述正确填写原始凭证。

（1）1日，财务部出纳周云将上月多余现金85 600元清点无误后存入银行（其中面额100元的700张，面额50元的300张，面额10元的60张），周云在清点之后认真填写现金送款簿（见表2-1）。

表 2-1

中国工商银行现金送款簿

对方科目：		交款日期		年 月 日	
收款单位名称		开户银行账号		金 额	
款项来源					

人民币 (大写)									百 十 万 千 百 十 元 角 分	
券别数额	100元	50元	20元	10元	5元	2元	1元	5角	1角	金额合计	收款银行盖章
整把券											
零把券											

收款复核　　　　　　　　　　　　　　　　收款员

（2）4日，财务部出纳周云要去银行办理支票领购业务，按照要求填写如表2-2所示的支票领用登记簿（假设本次需领购："现金支票"20张，支票号为22760003—22760022；"转账支票"20张，支票号为776358041—776358060）。

表 2-2

支票领用登记簿

日期	支票号	金额	收款单位	用途	经手人	报销日期

（3）6日，采购部张华因采购材料需要去外地，经采购部主管严浩批准，填写借款单（见表2-3）向财务部预借差旅费现金4 000元。

表2-3

借 款 单

申请日期： 年 月 日

借款人部门		借款人	
借款金额	（大写）人民币		（小写）¥
借款用途			
借款方式	汇款（ ） 现金（ ） 其他（ ）		
备注			
单位负责人：	部门负责人：		财务复核：

（4）7日，北京市辰新商贸有限公司取得光明工厂投资的2 000平方米厂房，该厂房原值280 000元，预计使用年限20年（已使用4年），已提折旧56 000元。要求：填制固定资产联营转移单（见表2-4）。

表2-4

固定资产联营转移单

调出单位：

调入单位： 年 月 日

调拨原因或依据						调拨方式		
固定资产名称	规格及型号	单位	数量	预计使用年限	已使用年限	原值	已提折旧	净值
调出单位		（公章）			调入单位		（公章）	
财务：经办：					财务：经办：			

（5）8日，北京市辰新商贸有限公司收到光明公司（开户行：工商银行平山道分理处，银行账号：374027384）投入资本金500 000元并存入银行。已知收款经手人为周云、交款人为刘萍。要求：填写银行进账单（见表2-5）。

表2-5

中国工商银行进账单（回单）

年　　月　　日

出票人	全　称			收款人	全　称			此联是开户银行交给持票人的回单
	账　号				账　号			
	开户银行				开户银行			
金额	人民币（大写）			亿 千 百 十 万 千 百 十 元 角 分				
	票据种类		票据张数					
	票据号码							
	复核：		记账：		收款人开户银行盖章			

（6）9日，北京市辰新商贸有限公司销售给华一商场（开户行：工商银行桥办支行，银行账号：3862318）电子产品一批：鼠标100个，单价40元/个；优盘200个，单价20元/个。以上商品适用的增值税税率均为13%，华一商场以现金支付全部款项。要求：填写增值税普通发票1张（见表2-6）。

表2-6

北京增值税电子普通发票

发票代码：
发票号码：
开票日期：
校验码：

机器编码：								
购买方	名　称：				密码区	67/*+3*0/611***0/+0*/*+3+2/9*11*+66666**06 6611*+66666*1***+216***6000*261*2*4/*547203 994+-42*64151*6915361/3*		
	纳税人识别号：							
	地址、电话：							
	开户行及账号：							
货物或应税劳务、服务名称	规格型号	单位	数量	单价	金额		税率	税额
合　计								
价税合计（大写）					（小写）			
销售方	名　称：				备注			
	纳税人识别号：							
	地址、电话：							
	开户行及账号：							
收款人：		复核：		开票人：		销售方：（章）		

国税函〔2014〕257号浙江印钞厂

（7）10日，北京市辰新商贸有限公司从向阳公司购入电子原料一批，增值税专用发票上注明买价18 000元，税率13%，税金2 340元，价税合计20 340元，货款以银行存款支付，材料已经验收入库。要求：填写转账支票1张（见表2－7）、入库单1张（见表2－8）。

表2－7

中国工商银行转账支票存根		中国工商银行转账支票
附加信息 _____ _____	付款期限自出票之日起十天	出票日期（大写） 年 月 日　付款行名称： 收款人：　　　　　　出票人账号： 人民币（大写）　　　亿千百十万千百十元角分 用途 _____　密码 上列款项请从我账户内支付　行号 _____ 出票人签章　　　复核　　　记账
出票日期 年 月 日		
收款人：		
金　额：		
用　途：		
单位主管　会计		

附加信息：	被背书人	被背书人
	背书人签章 年　月　日	背书人签章 年　月　日

贴粘单处　根据《中华人民共和国票据法》等法律法规的规定，签发空头支票由中国人民银行处以票面金额5%但不低于1 000元的罚款。

表2－8

入　库　单　　No 6545316

单位：　　　　　年　月　日　　类别：　　　编号：

编号	名称	规格	单位	入库数量	单价	金额	备注
合计金额	人民币	佰 拾 万 仟 佰 拾 元 角 分 ￥					

主管：　　　　仓库：　　　　记账：　　　　经手人：

(8) 11 日，采购部张华从武汉出差归来，报销差旅费 4 120 元（报销起止日期为 7—10 日）。其中，飞机票 2 张，单程金额 1 580 元，共计 3 160 元；市内交通单据 6 张，共计 200 元；住宿 4 天，住宿费共计 400 元；出差误餐补助每日 90 元，共计 360 元。要求：填写差旅费报销单（见表 2 – 9）。

表 2 – 9

差 旅 费 报 销 单　　　　　　　　　　　　　　No. 2824163

报销部门：　　　　　　　　　　　填制日期：　　年　月　日

出差人			部门			职务				地区类别		□A	□B	□C	□D
出差起止日自			年	月	日起至		年	月	日止共	天	附单据		张		

月	日	时间	出发地	月	日	时间	到达地	机票费	车(船)费	卧铺费	市内交通费		住宿费		出差补助		其他	合计
											标准	实支	标准	实支	天数	金额		
		合计																

总经理		报销金额(大写)	人民币　佰　拾　万　仟　佰　拾　元　角　分		预借金额	
		财务经理		部门经理		报销金额
						结余或超支
会计复核		行政审批		出纳员		领款人

(9) 12 日，北京市辰新商贸有限公司销售给大洋公司（地址、电话：北京市经济开发区 25306060，开户行：中国工商银行河沽分行，银行账号：018350081895，税务登记号：120115600831710）智能手表 200 件，每件售价 1 000 元，售价合计 200 000 元，增值税税率 13%，税额 26 000 元，价税共计 226 000 元。当即收到对方转账支票并存入银行。要求：填写增值税专用发票（见表 2 – 10）和进账单（见表 2 – 11）。

表 2 – 10

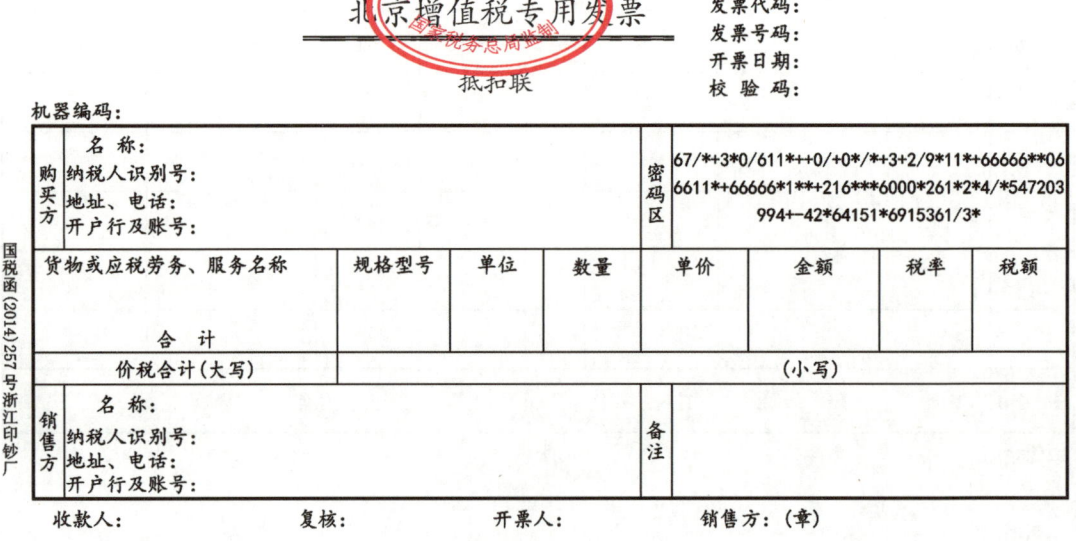

表 2-11

中国工商银行进账单（回单）

年　月　日

出票人	全　称		收款人	全　称												此联是开户银行交给持票人的回单
	账　号			账　号												
	开户银行			开户银行												
金额	人民币（大写）				亿	千	百	十	万	千	百	十	元	角	分	
票据种类		票据张数														
票据号码																
复核：　　　记账：				收款人开户银行盖章												

（10）13日，接财务经理通知，需支付供货商济南昌林电子设备厂（地址：济南市外环线西侧子牙河桥南；电话：0531-82732553；开户行：工商银行三环分理处；账号：874000196；税务登记号：152011000762240）货款。出纳通过网上银行查询，确认公司账户余额充足后采用"信汇"结算方式支付昌林电子设备厂货款68 000元。要求：填制如表2-12所示的信汇凭证（存根作为记账的凭据）。

表 2-12

中国工商银行信汇凭证（回单）①

委托日期：　　年　月　日　　　　　　　　第　　号

汇款人	全　称				收款人	全　称										
	账号或地址					账号或地址										
	汇出地点	省　市（县）	汇出行名称			汇入地点	省　市（县）	汇入行名称								
金额	人民币（大写）							千	百	十	万	千	百	十	元	角	分
汇款用途：　上列款项已根据委托办理，如需查询，请持此联来面洽。								汇出行盖章								
单位主管　会计　复核　记账								年　月　日								

(11) 14日，公司从2号仓库领用电子芯片100支用于生产，单价150元，领料人：冯轩；发料人：陆辉。要求：填制领料单1张（见表2-13）。

表2-13

领　料　单

NO 1720641001

领料部门：　　　　　　　　年　月　日　　　　　　发料仓库：

编号	名称	规格	单位	请领数量	实发数量	单价	金额								备注
							十	万	千	百	十	元	角	分	
合计	人民币	佰	拾	万	仟	佰	拾	元	角	分	合计 ¥				

主管：　　　　会计：　　　　记账：　　　　领料：　　　　制单：

(12) 15日，北京市辰新商贸有限公司向广清纸厂（开户银行：亨通商业银行虹桥支行；账号：300566-01144455578；纳税登记号：301120055880099；收款人：方海；开票人：张红）采购纸箱1 000个，单价10元，增值税税率为13%，款项采用"托收承付"结算方式来结算。要求：填制托收承付凭证1张（见表2-14）。

表2-14

托　收　承　付 凭证（承付/支款通知）⑤　　　　第　号

委托日期　　年　月　日　　　　　　托收号码：

付款人	全　称		收款人	全　称	
	账号或地址			账号	
	开户银行			开户银行	

托收金额	人民币（大写）	千	百	十	万	千	百	十	元	角	分

附件	商品发运情况	合同名称号码
附件单证张数		

备注：	付款人注意：

单位主管　　　　　　会计　　　　　　复核　　　　　　记账

实训三

日记账的设置与登记

一、实训目的

日记账又称序时账，是指按照经济业务发生时间的先后顺序逐日逐笔登记的账簿。在经济活动中，无论是库存现金还是银行存款的收付业务，出纳人员都应登记相应的日记账并进行账实核对。可见日记账的设置和登记是出纳岗位应掌握的主要技能之一。通过本实训的练习，熟悉库存现金日记账和银行存款日记账的收付存登记，了解日记账的设置要求、格式，理解登记日记账的依据，掌握日记账的登记方法。

二、技能要求

（一）总体要求

根据实训资料中所提供的收付款凭证，开设并登记"库存现金日记账"和"银行存款日记账"。

（二）具体操作要求

1. 日记账的设置。为了能够正确、全面、及时地反映本单位库存现金和银行存款的收付存情况，随时掌握库存现金、银行存款的动态，促进资金的高效利用，各单位应按照自身经营业务的需要和经营管理的要求分别设置库存现金日记账和银行存款日记账。不同单位因经济业务性质不同、经营规模大小不同，其经营管理要求也不同，相应地，需要设置的日记账种类、格式也就不同。具体而言，若核算单位只有人民币现金收付业务，则只需开设一本库存现金日记账；若核算单位涉及多种货币的现金收付业务，则应按货币的种类开设多本库存现金日记账；银行存款日记账也应按核算单位银行存款账户的多少来开设一本或多本银行存款日记账。

日记账有多种格式，在一般情况下使用三栏式日记账即可，本实训使用的即是最常用的三栏式日记账。

2. 日记账的启用。库存现金日记账和银行存款日记账一律采用订本式账簿,一般由封面、扉页和账页构成。出纳人员启用库存现金日记账和银行存款日记账时,首先应在账簿封面写明单位名称和账簿名称以及所属年份。然后在账簿的扉页上填写单位名称、账簿名称、账簿页数、启用账簿日期、记账人员和会计主管人员姓名,并加盖单位出纳专用章和个人人名章。

3. 日记账的登记。库存现金日记账由出纳人员根据审核后的现金收付款凭证,将凭证上列明的日期、编号、业务内容、摘要、金额等信息逐日逐笔顺序登记入账。银行存款日记账通常也是由出纳人员根据审核后的有关银行存款收付款凭证逐笔顺序登记的。

登记日记账时,需用蓝黑墨水或碳素墨水书写,红色墨水只能在冲账、划线、改错时使用。账簿应按账页页次顺序连续登记,不得跳行、隔页,如果发生跳行、隔页,应将空行、空页划线注销,或者注明"此行空白""此页空白"字样,并由出纳人员加盖人名章,以明确责任。在日记账账页中书写的文字和数字应适当留空,书写文字应紧靠左线,书写数字应紧靠底线,字体大小一般占格宽的1/2,以便出现差错时按规定方法改错。出纳人员应按日结出余额,账页登记完毕结转下页时,应结出本页合计数及余额,写在本页最后一行和次页第一行有关栏内,同时在摘要栏内分别注明"过次页""承前页"字样,表示衔接。

三、实训资料

(一)企业概况

企业名称:北京市辰新商贸有限公司

地址:北京市海淀区马神庙231号

电话:(010)68538042

法定代表人:马进

企业类型:有限责任公司

经营范围:主要从事电子设备的加工和销售业务

纳税人识别号:11230316MA7HDQ540L(认定为一般纳税人)

基本账户开户银行:中国工商银行北京市马神庙支行

银行账号:23456798737

公司人员构成:

财务部:李密(财务部经理)、李宏(会计主管)、孙娟(总账会计)、王丽(成本会计)、周云(出纳)

采购部:严浩(主管)、张华

综合部:王琴、李明

(二)实训资料

1. 北京市辰新商贸有限公司20××年7月末库存现金日记账余额与银行存款日记账余额如表3-1、表3-2所示。

表 3 – 1　　　　　　　　　　　　　　　　　　　　　　　　　　　　　　　　　　　　　单位：元

科目名称	7月借方发生额	7月贷方发生额		
库存现金	6 870.00	4 360.00		
	年初数	本年累计数（截至7月底）		
		借方发生额累计	贷方发生额累计	余额
	9 321.00	45 840.00	50 951.00	4 210.00

表 3 – 2　　　　　　　　　　　　　　　　　　　　　　　　　　　　　　　　　　　　　单位：元

科目名称	7月借方发生额	7月贷方发生额		
银行存款	748 325.87	564 700.65		
	年初数	本年累计数（截至7月底）		
		借方发生额累计	贷方发生额累计	余额
	2 958 149.6	3 848 325.87	6 422 875.47	383 600.00

20××年8月1日，北京市辰新商贸有限公司对库存现金日记账进行换账，请根据相关数据建立库存现金日记账，填写账簿启用页（见表3－3）。

表 3 – 3

账簿启用页

单位名称							印花粘贴处	
账簿名称								
账簿编号								
启用日期		年　月　日						
账簿页数		页						
经管人员	负责人		主办会计		复核		记账	
	姓名	盖章	姓名	盖章	姓名	盖章	姓名	盖章
接收记录	经管人员		接管			交出		
	职别	姓名	年	月	日	盖章	年	月	日	盖章
备注							印鉴	

2. 北京市辰新商贸有限公司20××年8月份发生如下有关库存现金、银行存款收支的业务，请根据审核无误的会计凭证登记当月库存现金日记账与银行存款日记账，并在月末完成日记账结账。

（1）2日，根据投资协议书，北京市辰新商贸有限公司接受新正公司以货币资金形式投入的实收资本500 000元，投资款已存入银行。财务人员就该项业务填写的记账凭证如图3-1所示。

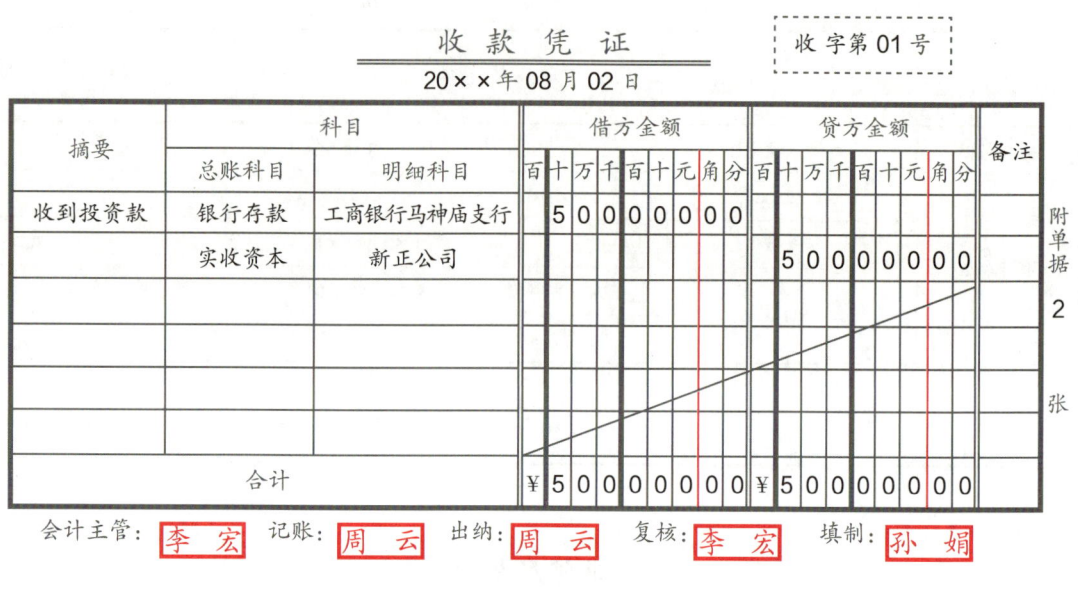

图3-1

（2）3日，北京市辰新商贸有限公司开出现金支票一张，从银行提取备用金3 000元。财务人员就该业务填写的记账凭证如图3-2所示。

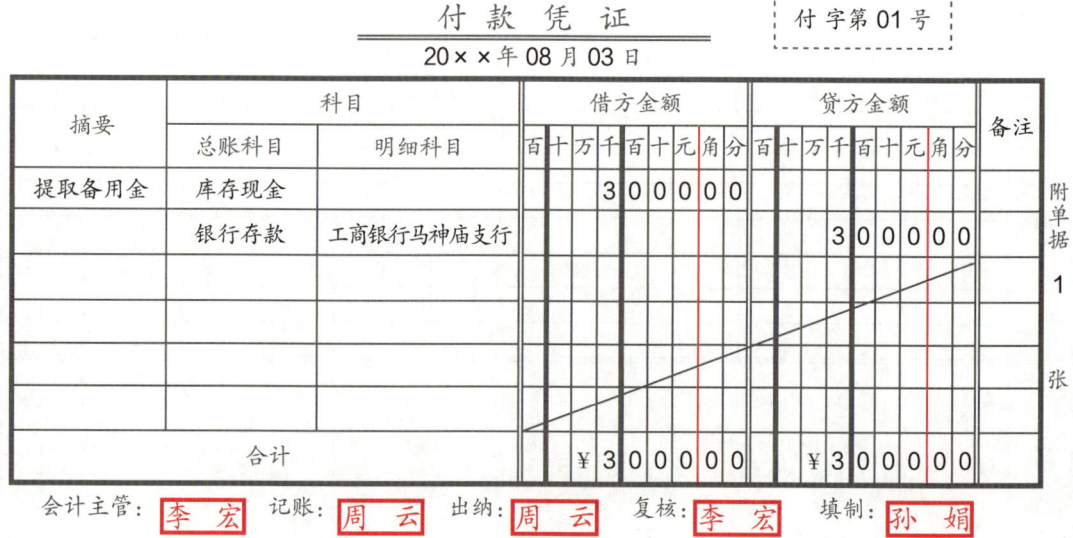

图3-2

（3）5日，接到银行收账通知，北京市辰新商贸有限公司收到九鑫公司上月所欠货款26 000元。财务人员就该业务填写的记账凭证如图3-3所示。

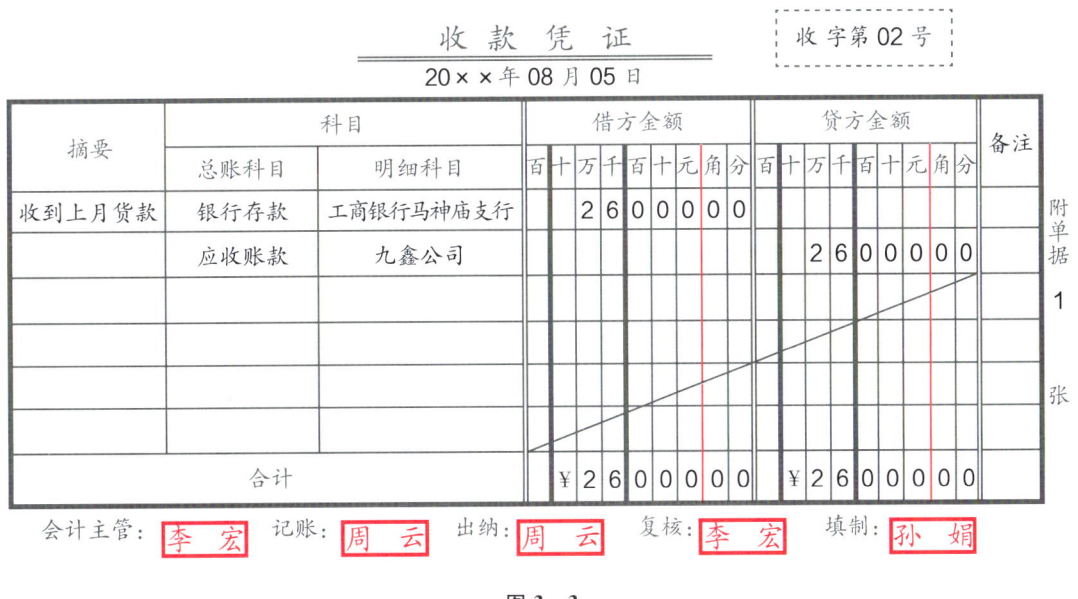

图3-3

（4）7日，北京市辰新商贸有限公司开出转账支票一张，用以预付宏祥公司购货款共计60 000元。财务人员就该业务填写的记账凭证如图3-4所示。

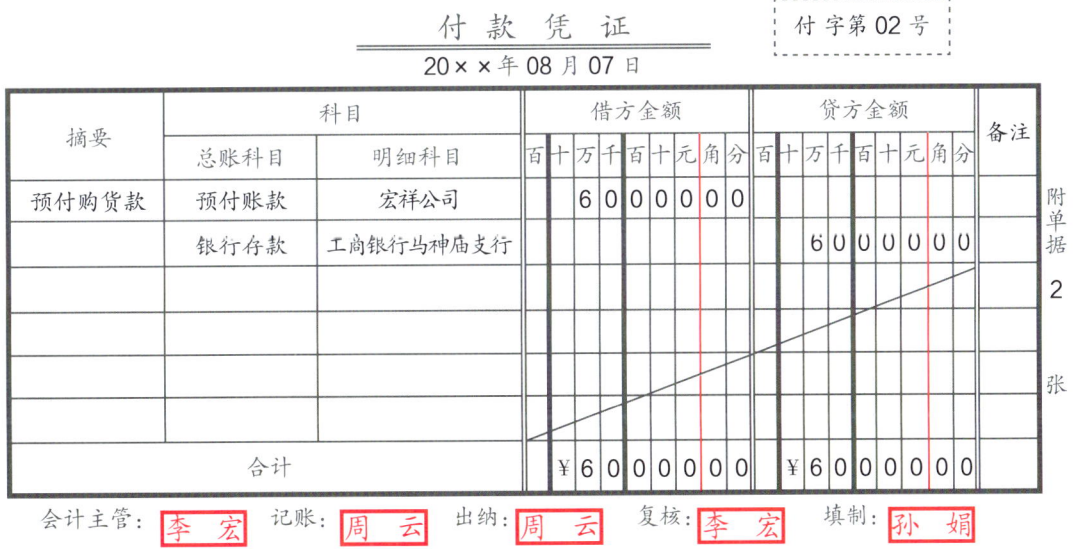

图3-4

（5）8日，北京市辰新商贸有限公司从银行提取现金1 000元，以备补发津贴之用。财务人员就该业务填写的记账凭证如图3-5所示。

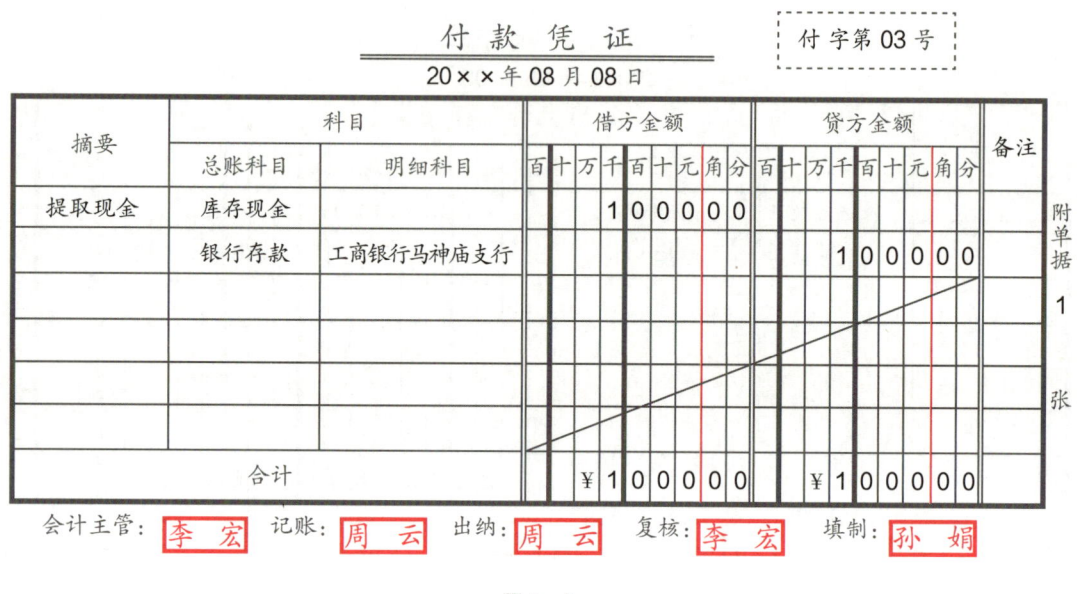

图3-5

（6）8日，北京市辰新商贸有限公司以现金1 000元补发津贴。财务人员就该业务填写的记账凭证如图3-6所示。

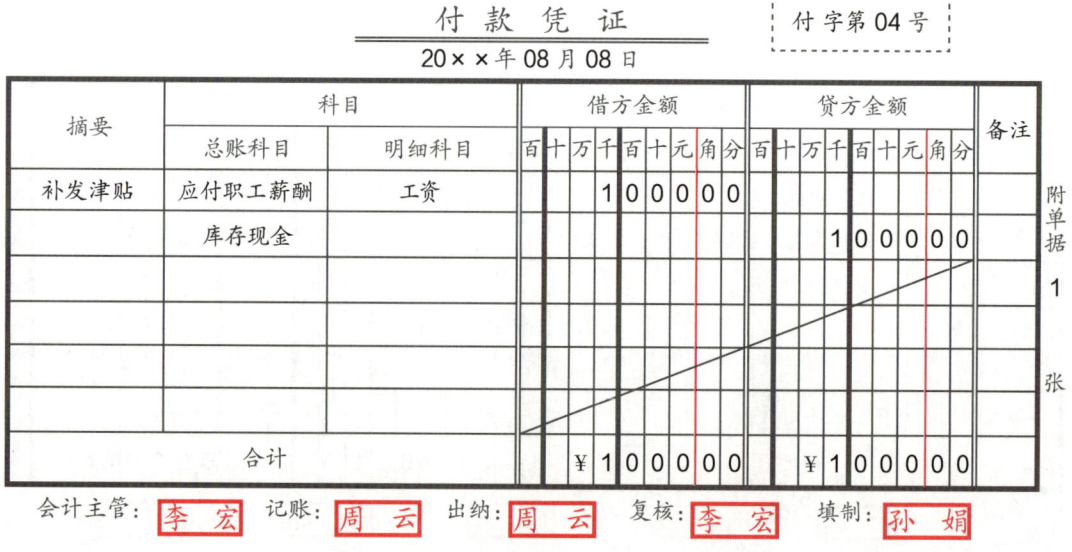

图3-6

（7）10日，北京市辰新商贸有限公司办公室报销业务招待费750元，款项以现金支付。财务人员就该业务填写的记账凭证如图3-7所示。

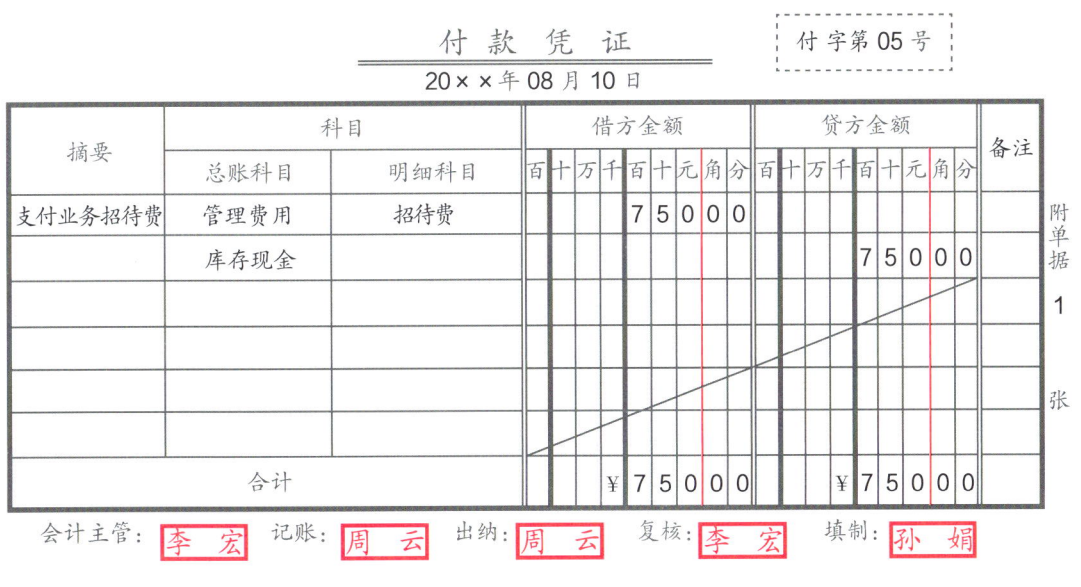

图3-7

（8）12日，接到银行收款通知，北京市辰新商贸有限公司收到成都东华机械公司支付的货款和本公司帮其代垫的运杂费，共计40 000元。财务人员就上述业务填写的记账凭证如图3-8所示。

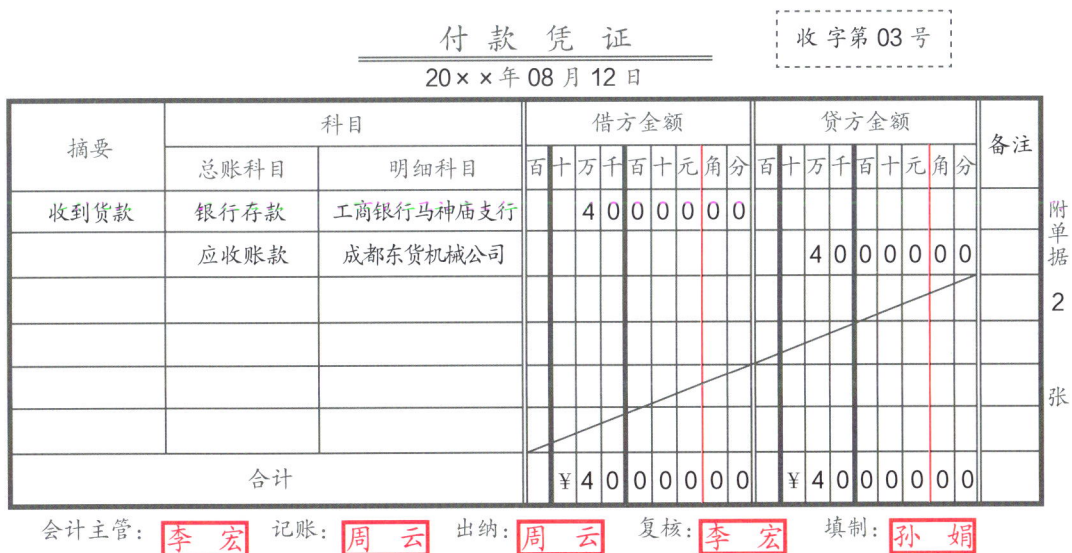

图3-8

（9）12日，采购部业务员费云出差，经批准借支现金2 000元。财务人员就该业务填写的记账凭证如图3-9所示。

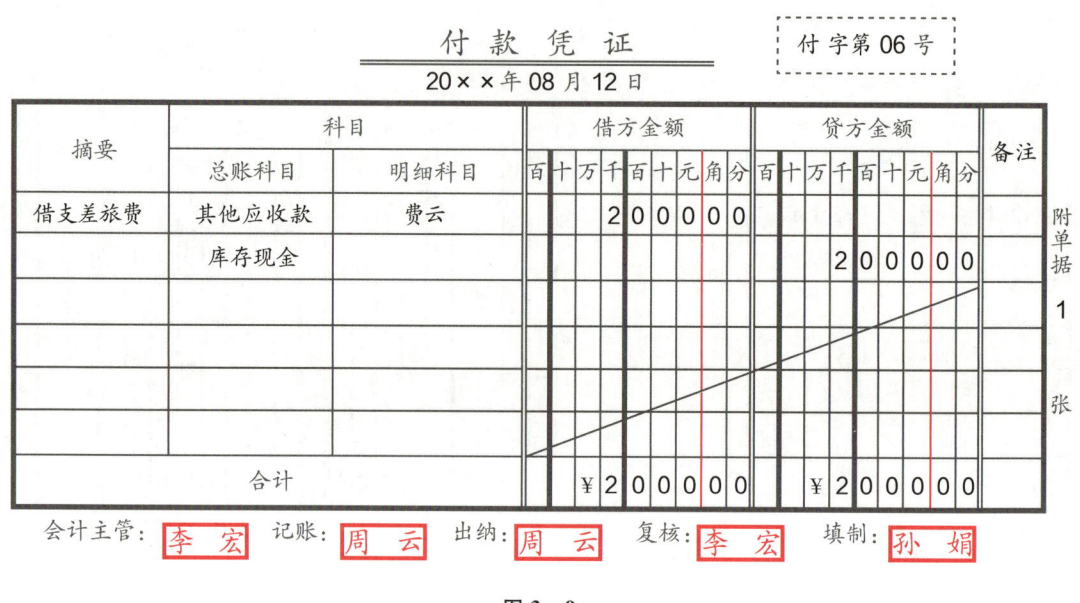

图3-9

（10）12日，仓库清理出售废料，产生废料变价收入，共计收回现金226元。财务人员就该业务填写的记账凭证如图3-10所示（成本结转分录略）。

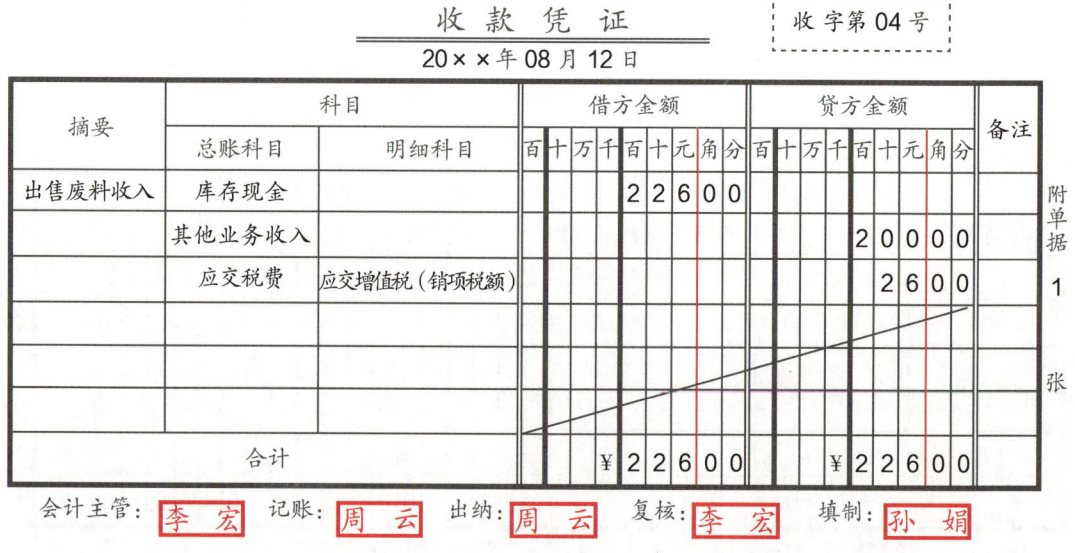

图3-10

（11）13日，将12日取得的废料款收入226元送存银行。财务人员就该业务填写的记账凭证如图3-11所示。

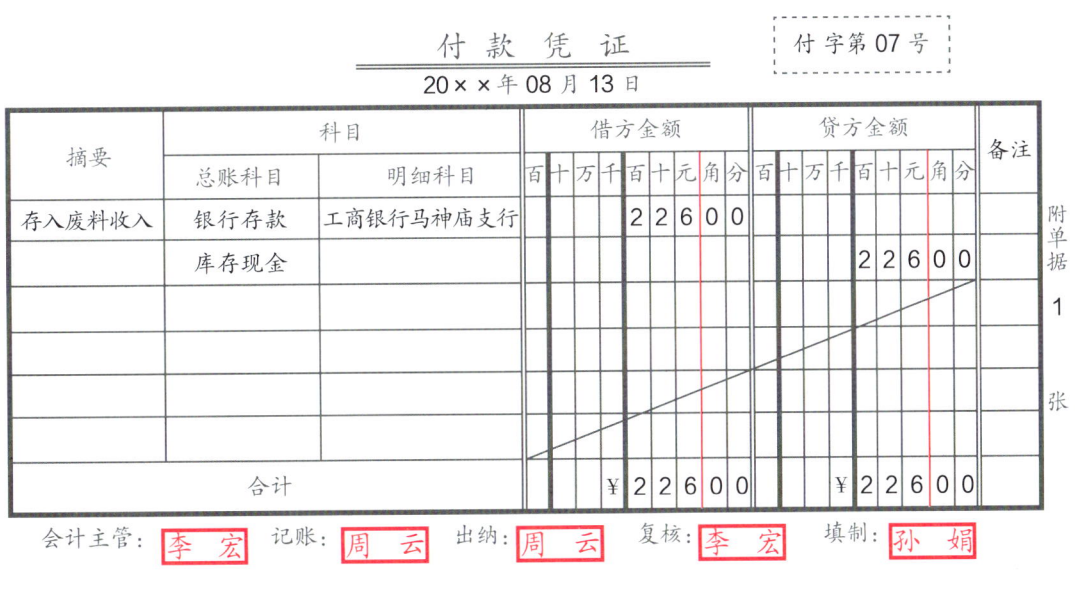

图 3-11

（12）14日，办公室购买办公用品600元并实时领用，款项以现金支付。财务人员就该业务填写的记账凭证如图3-12所示。

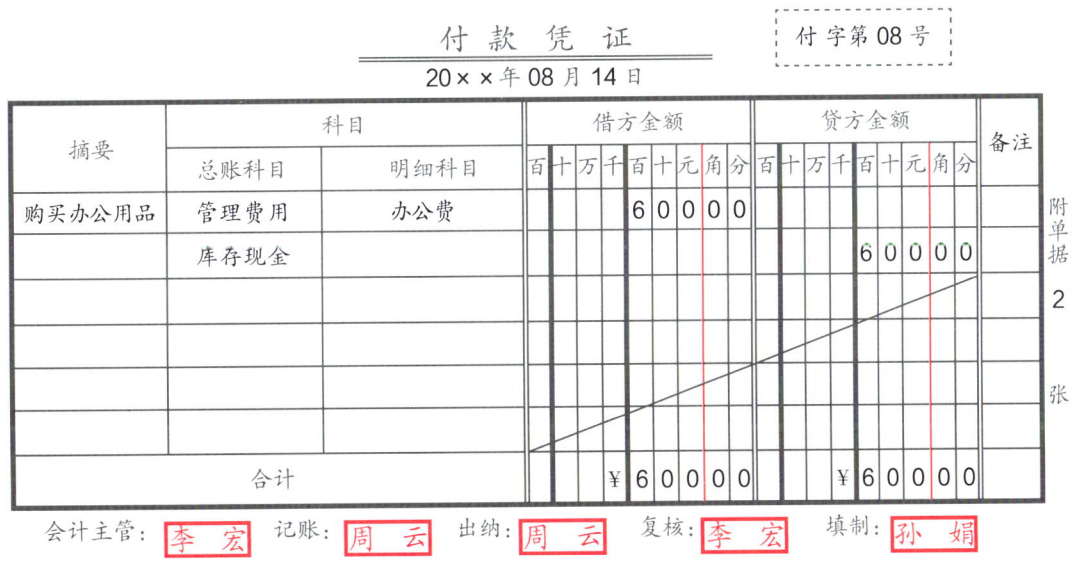

图 3-12

（13）15日，北京市辰新商贸有限公司购买生产用机器设备一台，取得的增值税专用发票上注明的价款为300 000元、税额为39 000元，价税合计339 000元，设备款以转账支票支付。财务人员就该业务填写的记账凭证如图3-13所示。

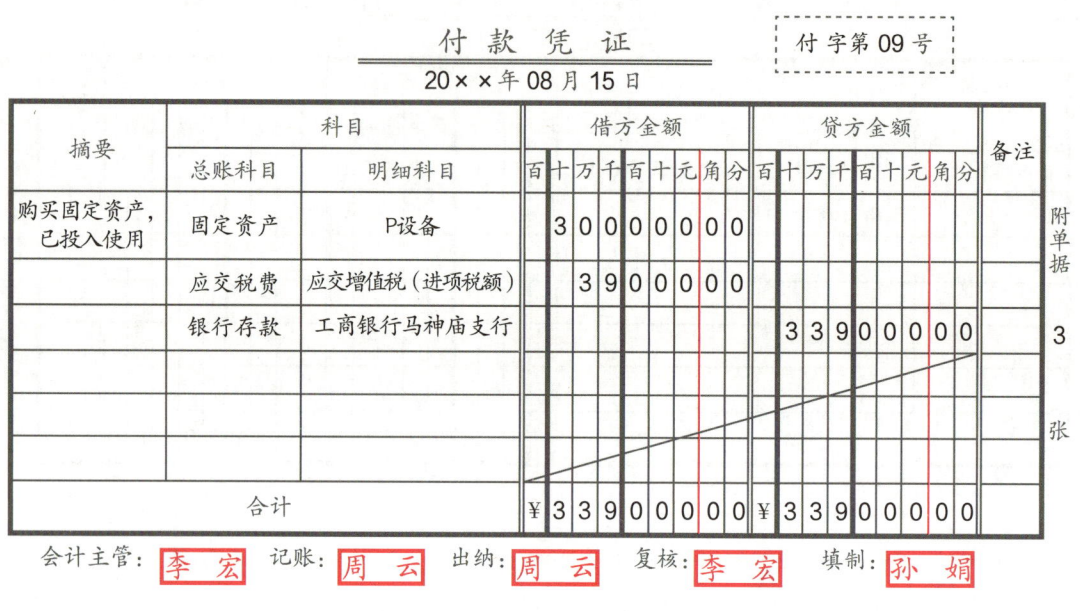

图3-13

（14）18日，北京市辰新商贸有限公司向工商银行申请三个月后到期的短期贷款并已办妥相关手续，短期借款50 000元已存入银行账户。财务人员就该业务填写的记账凭证如图3-14所示。

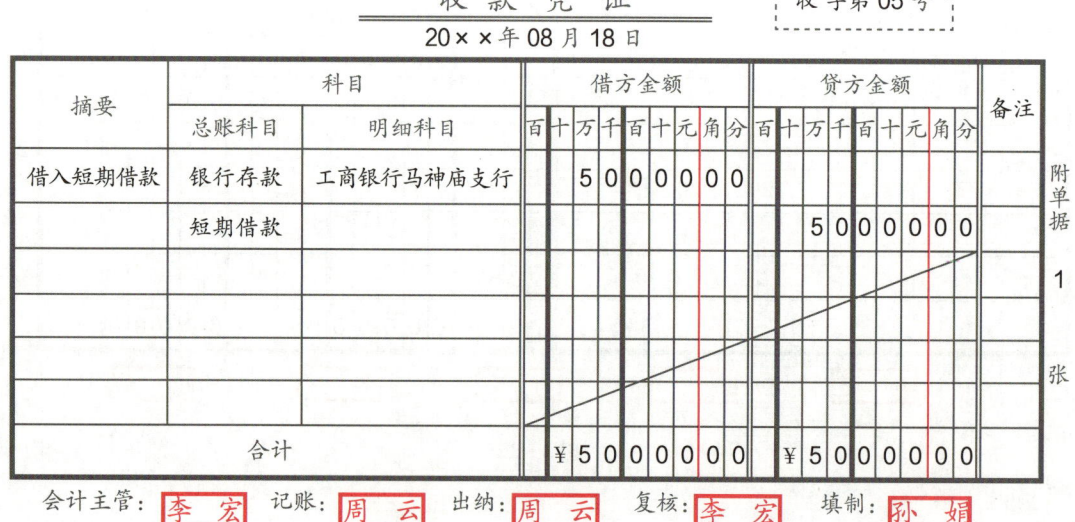

图3-14

（15）20日，采购部业务员费云出差回来报销差旅费1 750元，并交回现金250元。财务人员就该业务填写的记账凭证如图3-15所示。

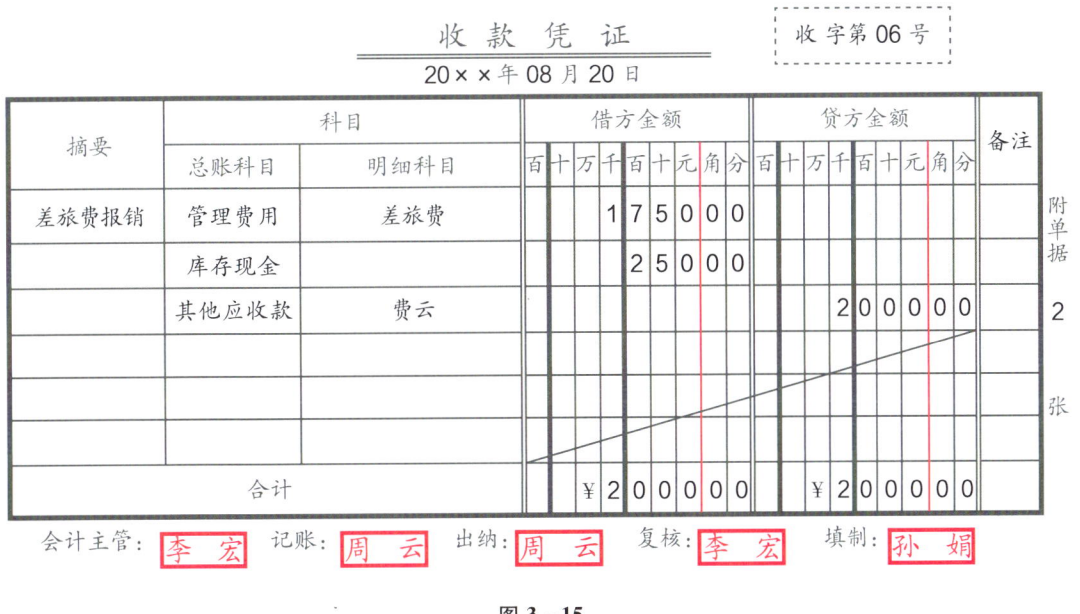

图 3-15

（16）21日，北京市辰新商贸有限公司签发转账支票支付广告费，取得的增值税普通发票上注明的金额为10 300元。财务人员就该业务填写的记账凭证如图3-16所示。

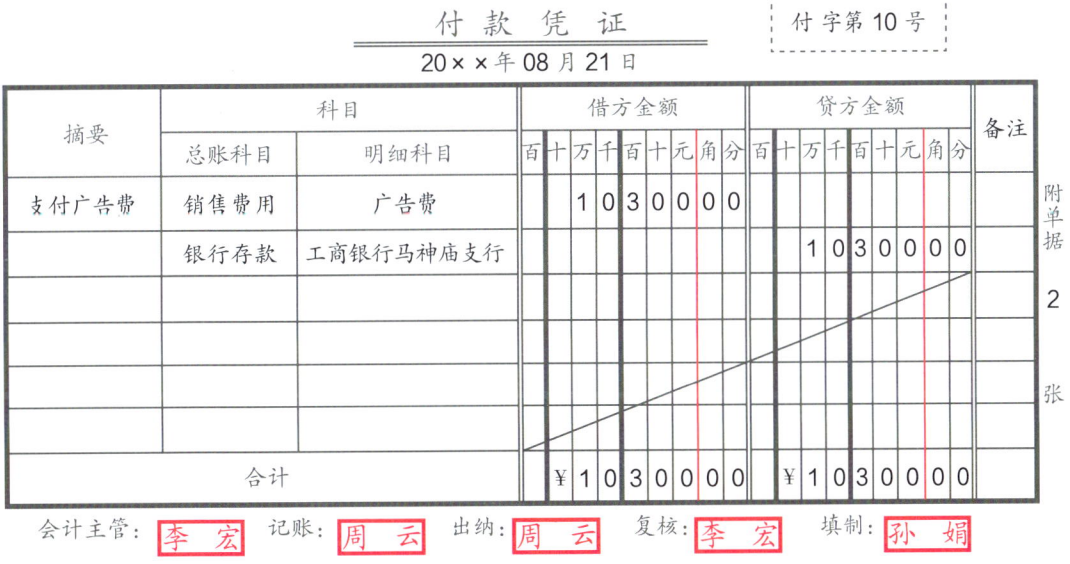

图 3-16

（17）22 日，北京市辰新商贸有限公司销售甲产品一批，开具的增值税专用发票上注明的价款为 10 000 元、增值税税额为 1 300 元，银行账户已收到该笔货款。财务人员就该业务填写的记账凭证如图 3-17 所示。

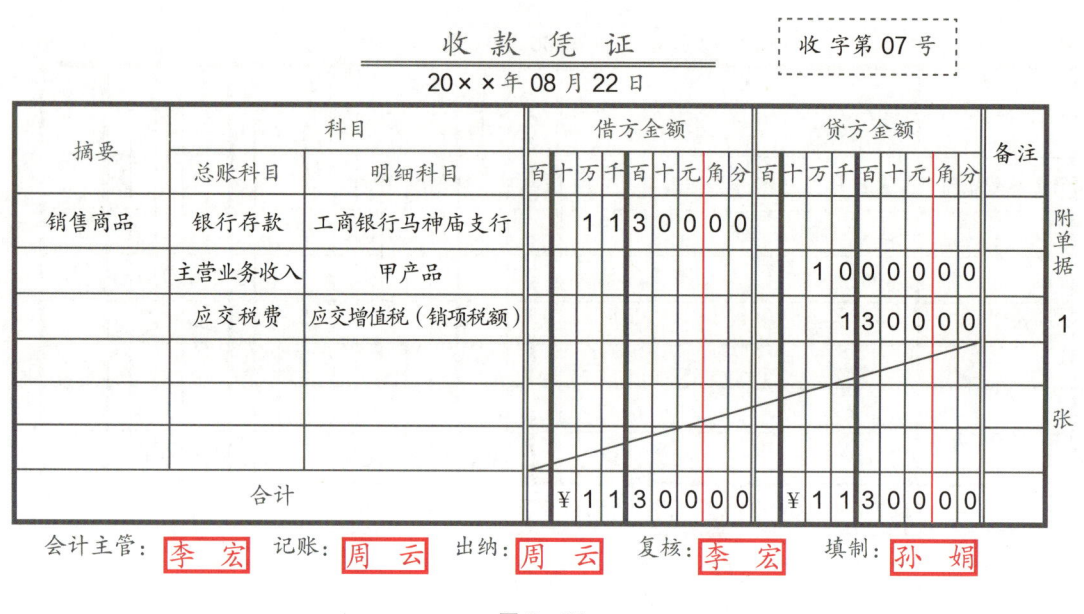

图 3-17

（18）23 日，北京市辰新商贸有限公司以库存现金支付垃圾清理费 170 元。财务人员就该业务填写的记账凭证如图 3-18 所示。

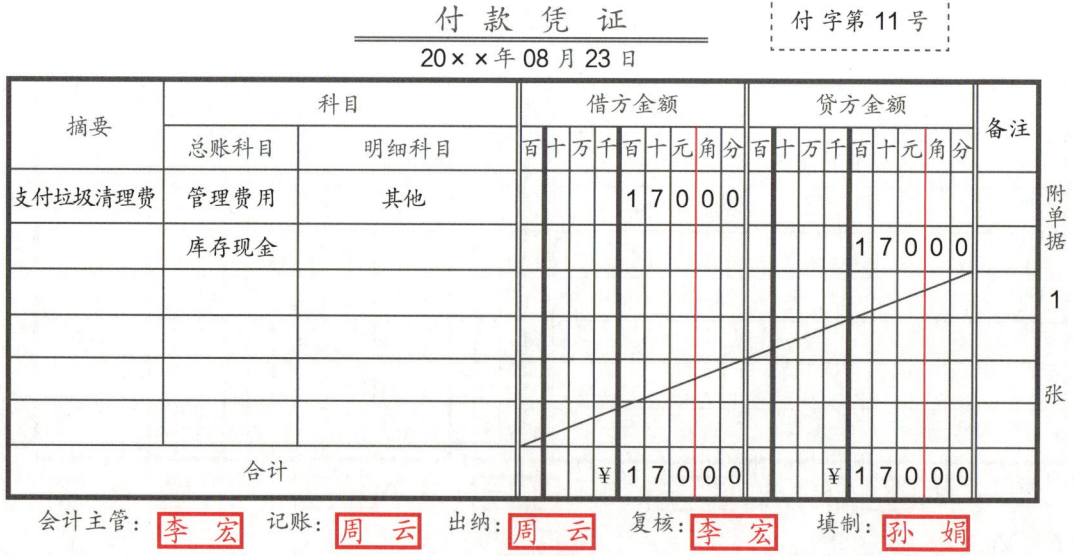

图 3-18

（19）26日，北京市辰新商贸有限公司签发转账支票支付公司排污费670元。财务人员就该业务填写的记账凭证如图3-19所示。

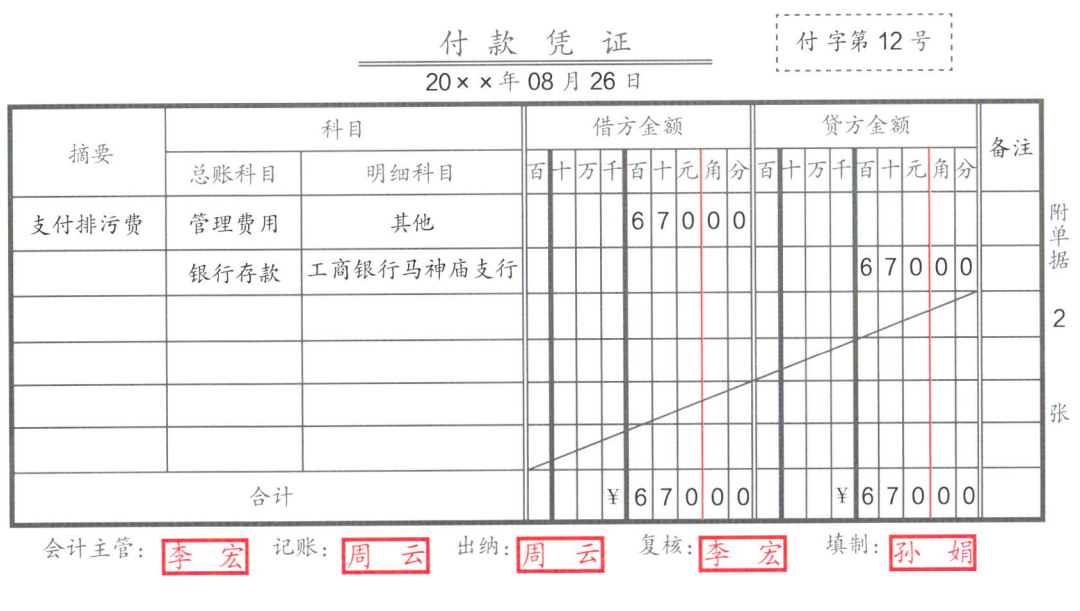

图3-19

（20）28日，北京市辰新商贸有限公司收到成都东华机械公司业务员支付的包装物押金260元。财务人员就该业务填写的记账凭证如图3-20所示。

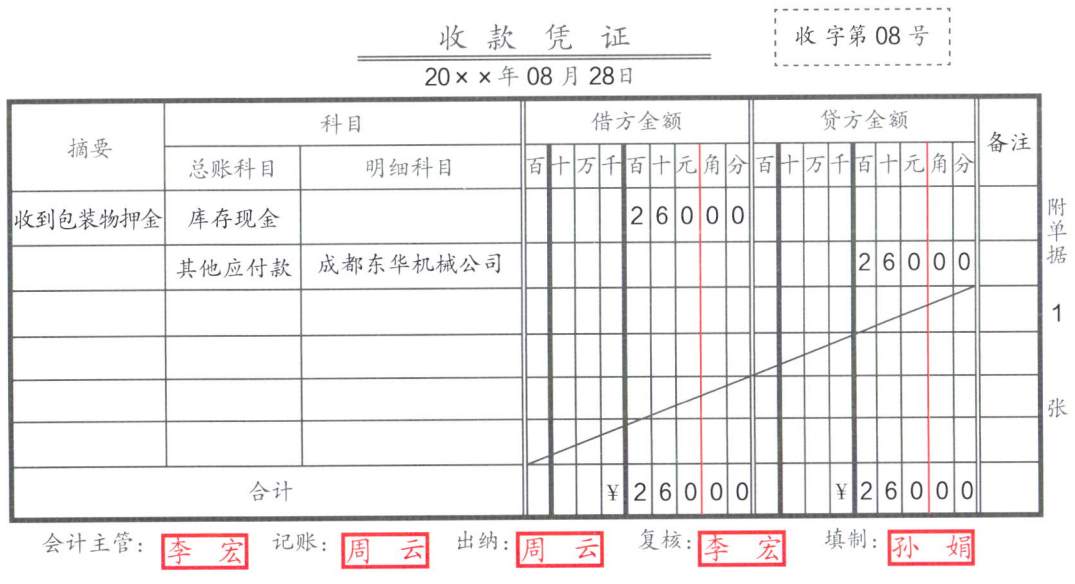

图3-20

注：实训用日记账账页见附件二。

3. 根据上述背景材料，请为北京市辰新商贸有限公司编制 20××年 8 月 12 日的资金报告表（见表 3-4）并完成签章。

表 3-4 资金日报表

日期：

单位：元

收支项目 \ 资金科目		银行存款（工商银行马神庙支行）	库存现金	合计
昨日余额				
今日收入	摘要			
	收入合计			
今日支出	摘要			
	支出合计			
今日结余				
备注： 1. 根据公司的实际需要增加收款项和付款项 2. 出纳需在每天 16：30 前将该表报会计、财务主管审核				

制表： 审核：

实训四

出纳岗位综合实训

一、实训目的

前面三个模块已经分别就出纳岗位应具备的职业技能，让学生学习了财经数码字书写、原始凭证和记账凭证的填制以及日记账的登记，使学生清楚地认知了出纳岗位工作的重要性。现在以一套完整的账务处理流程，引导学生完成对从填制记账凭证到登记日记账再到手工装订凭证的学习，该模块是学生在学习出纳业务技能之后的一次归整，并且是考核学生独立性的知识链接，让学生更直接接触并独立完成一整套账务处理工作。

记账凭证是会计人员根据审核无误的原始凭证归类整理而编制的，用来确定会计分录，并据以登记账簿的一种会计凭证。记账凭证的正确与否直接关系到记账的真实性和正确性，因此，通过实训操作，使学生能够根据不同业务类型编制不同种类的记账凭证，并能按照要求对记账凭证进行审核。

二、技能要求

（一）总体要求

1. 根据实训资料中给出的经济业务，填制"收款凭证""付款凭证""转账凭证"，并将原始凭证附于记账凭证之后。
2. 审核所填制记账凭证的正确性。
3. 根据已填制的记账凭证登记库存现金日记账与银行存款日记账。

（二）具体操作要求

记账凭证的正确与否直接关系到记账的真实性和正确性。所以记账凭证的填制除必须做到记录真实、内容完整、填制及时、书写规范外，还应在以下各方面做到符合要求：

1. 记账凭证的填制。

（1）记账凭证的编号。根据本单位业务量的多少、人员和分工情况来选择记账凭证的编号方法。可以按现金收入、现金付出、银行存款收入、银行存款付出和转账五类进行编号；

也可以按收款凭证、付款凭证和转账凭证三类进行编号；如果单位经济业务简单、业务量较少，也可以不分类编号，将全部记账凭证统一进行编号。无论按哪一类编号，都必须按月连续编号，即按经济业务发生的时间顺序分类连续编号，如企业采用专用记账凭证，凭证编号可以是"收字第　号""付字第　号""转字第　号"等。当一笔经济业务需要编制多张记账凭证时，可以采用分数编号法。例如，某项经济业务需要编制两张收款凭证，凭证的顺序号为3号，则两张凭证的编号分别为收字第 $3\frac{1}{2}$ 号和收字第 $3\frac{2}{2}$ 号。每月最后一张记账凭证的编号旁边，可加注"全"字，以免凭证散失。

（2）记账凭证日期的填写。记账凭证的日期，一般为编制记账凭证当天的日期，期末调整分录和结账分录，应填写当月月末的日期。例如，报销差旅费的记账凭证填写报销当日的日期；现金收付款记账凭证填写办理收付现金的日期；银行收款业务的记账凭证一般按财会部门收到银行进账单或银行回执的戳记日期填写，当实际收到银行进账单的日期与银行戳记日期相隔较远时，按财会部门实际办理转账业务的日期填写；银行付款业务的记账凭证，一般以财会部门开出银行付款单据的日期或承付的日期填写；属于计提和分配费用等业务类型的，应当按当月最后的日期填写。

（3）记账凭证摘要栏的填写。记账凭证的摘要栏主要填写经济业务的简要内容，如：对方单位的名称、货物名称、数量以及经办人员等。摘要应与原始凭证内容一致，能正确反映经济业务的主要内容，表述简短精炼，应能使阅读的人通过摘要就能了解该项经济业务的性质、特征，判断出会计分录的正确与否，一般不必再去翻阅原始凭证或询问有关人员。

（4）正确编制会计分录。即：在填制记账凭证时，必须根据国家统一会计制度的规定和经济业务的内容，正确使用所涉及的会计科目名称和编制会计分录，不得简写或只写编号，写明一级科目、二级科目和明细科目，记账凭证借贷方的金额合计数必须相等，且必须计算正确。填写记账凭证不得跳行或留有空行，对记账凭证中的空行，应该划一条斜线或一条"S"形线注销。划线应从金额栏最后一笔金额数字下的空行划到合计数上面的空行，并注意线的两端都不能划到金额数字的行次上。

（5）所附原始凭证张数的计算和填写。根据《会计基础工作规范》的规定，除部分转账、更正错账、期末结账及调整账项等业务或事项外，记账凭证必须附有原始凭证，并注明所附原始凭证的张数。如果一张原始凭证涉及几张记账凭证，可以把原始凭证附在一张主要的记账凭证后面，在摘要栏注明"本凭证附件包括××号记账凭证业务"字样，并在其他记账凭证上注明"原始凭证附在××号记账凭证后面"的字样。对需经过上级批准的经济业务，应将批准文件作为原始凭证的附件。如遇原始凭证需单独保存时，应将其整理使用完毕后，妥善保管，并在有关的记账凭证上加以注明，以便后期查找、核对。

所附原始凭证张数的计算方法有两种，一种是按构成记账凭证金额的原始凭证（或原始凭证汇总表）计算张数；另一种以所附原始凭证的自然张数为准。凡属转账业务的原始凭证张数的计算以构成记账凭证金额的张数为准，其他说明性质的资料均作附件的附件处理；凡属收（付）款业务的原始凭证张数的计算，均以自然张数为准。

记账凭证附件是原始凭证汇总表的，属于转账业务的，其附件张数的计算以原始凭证汇总表的张数为准，汇总表所附的原始凭证只作为附件的附件处理；属于收付款业务的，计算其附件张数时，应把汇总表及所附的原始凭证或说明性质的资料均计入，但对差旅费、市内

交通费、医药费等报销单据，可粘贴在一张纸上，共同作为一张原始凭证附件。

（6）记账凭证的签章。当记账凭证由会计人员填制完毕后，填制人员应该签名或盖章，经稽核人员审核并签名或盖章后，交由会计主管人员签名或盖章，最后由记账人员根据审核无误的记账凭证登记账簿，并在记账凭证上签名或盖章，以表示记账凭证已由其登记入账。对于收付款凭证，还必须由出纳人员签名或盖章，以表明出纳人员已对所签名或盖章的收付款凭证上的款项进行了收付。

2. 日记账的登记。

库存现金日记账由出纳人员根据审核无误后的现金收付款凭证，将凭证上列明的日期、编号、业务内容、摘要、金额等信息逐日逐笔顺序登记入账。银行存款日记账通常也是由出纳人员根据审核后的有关银行存款收付款凭证逐笔顺序登记。

登记日记账时，需用蓝黑墨水或碳素墨水书写，红色墨水只能在冲账、划线、改错时使用。账簿应按账页页次顺序连续登记，不得跳行、隔页，如果发生跳行、隔页，应将空行、空页划线注销，或者注明"此行空白""此页空白"字样，并由出纳人员加盖人名章，以明确责任。在日记账账页中书写的文字和数字应适当留空，书写文字应紧靠左线，书写数字应紧靠底线，字体大小一般占格宽的1/2，以便出现差错时按规定方法改错。出纳人员应按日结出余额，账页登记完毕结转下页时，应结出本页合计数及余额，写在本页最后一行和次页第一行有关栏内，同时在摘要栏内分别注明"过次页""承前页"字样，表示衔接。

三、实训资料

（一）企业概况

企业名称：北京市辰新商贸有限公司

地址：北京市海淀区马神庙231号

电话：（010）68538042

法定代表人：马进

企业类型：有限责任公司

经营范围：主要从事电子设备的加工和销售业务

纳税人识别号：11230316MA7HDQ540L（认定为一般纳税人）

基本账户开户银行：中国工商银行北京市马神庙支行

银行账号：23456798737

公司人员构成：

财务部：李密（财务部经理）、李宏（会计主管）、孙娟（总账会计）、王丽（成本会计）、周云（出纳）

采购部：严浩（主管）、张华

综合部：王琴、李明

（二）实训练习

1. 北京市辰新商贸有限公司20××年11月末库存现金日记账余额与银行存款日记账余额如表4-1、表4-2所示。

表 4-1 单位：元

科目名称	11月借方发生额	11月贷方发生额		
库存现金	8 567.80	5 087.50		
	年初数	本年累计数（截至11月底）		
		借方发生额累计	贷方发生额累计	余额
	9 321.00	68 923.00	71 763.70	6 480.30

表 4-2 单位：元

科目名称	11月借方发生额	11月贷方发生额		
银行存款	759 325.79	636 115.01		
	年初数	本年累计数（截至11月底）		
		借方发生额累计	贷方发生额累计	余额
	2 958 149.6	5 206 917.56	7 741 856.38	423 210.78

2. 根据北京市辰新商贸有限公司20××年12月已发生经济业务（"业务1"至"业务24"）及其原始凭证，请完成以下各项工作。

（1）认真审核原始凭证，填制"收款凭证""付款凭证""转账凭证"，并将审核无误的原始凭证附于记账凭证之后。

（2）审核所填制记账凭证的正确性。

（3）根据填制好的会计凭证，完成库存现金日记账与银行存款日记账的建账、登账、结账工作。

20××年12月，北京市辰新商贸有限公司发生如下经济业务：

业务1：1日，接到银行收账通知，北京市辰新商贸有限公司收到北京青年旅社11月所欠货款70 000元，已转入公司账户。财务人员就该业务取得的原始凭证如图4-1所示。

托 收 凭 证（受理回单）

0000560

委托日期：20××年 12月 01日

业务类型	委托收款（□邮划、☑电划） 托收承付（□邮划、□电划）							
付款人	全称	北京青年旅社		领款人	全称	北京市辰新商贸有限公司		
	账号	34235423342			账号	23456798737		
	地址	省 北京市 市县	开户行	工商银行皂君庙支行		地址	省 北京市 市县 开户行	工商银行马神庙支行
金额	人民币（大写）	柒万元整			十亿千百十万千百十元角分 ¥ 7 0 0 0 0 0 0 0			
款项内容	收前期欠款	托收凭据名称			附寄单证张数			
商品发运情况				合同名称号码				
备注		款项收受日期： 20××年12月01日			收款人开户银行签章 20××年12月01日			
复核 记账								

图 4-1

业务2：2日，采购部张华赴南京出差参加商品展销会，经批准向财务部预借差旅费3 000元，财务人员审核无误后支付现金。就该项业务，财务人员取得的原始凭证如图4－2所示。

借　款　单

申请日期：20×× 年 12 月 02 日

借款人部门	采购部	借款人		张华
借款金额	（大写）人民币叁仟元整		（小写）￥3 000.00	
借款用途	差旅费			
借款方式	汇款（　）　现金（ √ ）　其他（　）			
备注				
部门负责人： 同意 严浩	总经理： 批准 马进		财务审核： 现金付讫 李宏	

图 4－2

业务3：4日，根据投资协议书（见图4－3），北京市辰新商贸有限公司接受三江电子设备厂（地址：北京市花园路905号；开户行：中国工商银行花园路支行；账号：90147523442325243252；统一社会信用代码：KIL514812575MJY100）投入的货币资金100 000元，投资款已存入银行。就该项业务，财务人员取得的原始凭证如图4－3、图4－4所示。

投资协议书

协议条款
主体情况
投资方（以下简称甲方）：三江电子设备厂
注册地址：北京市花园路 905 号
被投方（以下简称乙方）：北京市辰新商贸有限公司
注册地址：北京市海淀区马神庙 231 号
投资款及支付：
于20××年12月1日投资货币资金100 000元。
甲方权利义务
甲方有权了解乙方的经营管理、投资款使用情况，但行使该权利以不影响乙方正常管理和运作投资款为限。
甲方应保证其对投资款有完全的权利进行处理，且投资款投入本合同约定的投资领域并不会导致任何法律纠纷。
甲方应当确保其对乙方的出资以直接持有乙方股权/份额为目的。若存在代持情况的，应当向乙方如实披露。
如果投资协议书中对甲方权利有任何其他优先约定的，甲方有权按照协议约定行使相应的权利。
乙方权利义务
乙方在符合有关法律规定的基础上，有权依据本协议约定对投资款进行经营管理，并保障其以诚实信用、谨慎勤勉的原则管理和运用投资款，保障公司和股东权益。乙方承诺将按照协议约定或甲方要求使用投资款。
收益与分配
各方按照其在公司所占的股权比例享有收益和分红的权利，承担债务，分担风险。

甲方：（签章）

法定授权人：姜华

乙方：（签章）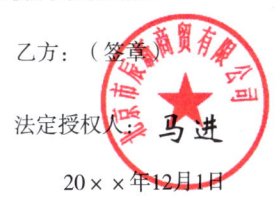

法定授权人：马进

20××年12月1日

图 4－3

中国工商银行进账单（回单） 1

20XX 年 12 月 04 日

出票人	全称	三江电子设备厂		收款人	全称	北京市辰新商贸有限公司
	账号	90147523442325243252			账号	23456798737
	开户银行	中国工商银行花园路支行			开户银行	中国工商银行北京市马神庙支行

金额	人民币（大写）	壹拾万元整	亿 千 百 十 万 千 百 十 元 角 分
			¥ 1 0 0 0 0 0 0 0

票据种类	转账支票	票据张数	1
票据号码	6546533216		

此联是开户银行交给持票人的回单

（中国工商银行北京市马神庙支行 20XX.12.04 业务办讫章）

复核：　　　记账：　　　收款人开户银行盖章

图 4-4

业务 4：7 日，北京市辰新商贸有限公司从北京市恒宇科技信息有限公司（地址：北京市东城区南方路 200 号；开户行：中国工商银行南方支行；账号：54479514258；统一社会信用代码：91M650605255）购入电子原料一批，增值税专用发票上注明的买价 28 000 元，税金 3 640 元，价税合计 31 640 元，材料已验收入库，货款已开具转账支票支付。就该项业务，财务人员取得的原始凭证如图 4-5 至图 4-8 所示。

图 4-5

中国工商银行
转账支票存根

24352525
7984551

附加信息 _____

_____

_____

出 票 日 期 20××年 12 月 07 日

收款人：	北京市恒宇科技信息有限公司
金　额：	¥31640.00
用　途：	购买电子原料

单位主管 李宏　　会计 孙娟

图 4-6

中国工商银行进账单（回单）　　1

20XX 年 12 月 07 日

出票人	全　称	北京市辰新商贸有限公司	收款人	全　称	北京市恒宇科技信息有限公司
	账　号	23456798737		账　号	54479514258
	开户银行	中国工商银行北京市马神庙支行		开户银行	中国工商银行南方支行

金额	人民币（大写）	叁万壹仟陆佰肆拾元整	亿	千	百	十	万	千	百	十	元	角	分
						¥	3	1	6	4	0	0	0

票据种类	转账支票	票据张数	壹张
票据号码	7984551		

（中国工商银行南方支行 业务办讫章 20XX.12.07）

收款人开户银行盖章

复核：　　　记账：

图 4-7

入 库 单

No 0000123

送货单位：北京市恒宇科技信息有限公司　　20××年12月07日

货物类别：☑原材料　□成品　□其他　　　　　　　　订单编号：2654156

编号	名称	规格	单位	入库数量	单价/元	金额/元	备注
1	电子原料		个	1000	28	28000	
合计金额	人民币 零佰 零拾 零贰万 捌仟 零佰 零拾 零元 零角 零分					￥28000.00	

主管：徐峰　　　仓库：原材料库　　　记账：王璐　　　经手人：张民生

图 4-8

业务5：8日，采购部张华出差归来报销差旅费2 560元，退回现金440元。由出纳开出收款收据（见图4-9）一张。请以张华的身份完成差旅费报销单（见表4-3）的填写。张华出差期间取得的相关原始凭证如图4-10、图4-11所示。

收 款 收 据

入账日期：20XX 年 12 月 08 日

今收到：张华

交来：退回差旅费440　　　　　现金收讫

金额(大写)人民币　零拾　零万　零仟　肆佰　肆拾　零元　零角　零分

￥440.00　　☑现金　□支票　□转账　□其他　　收款单位（盖章）　北京市成新商贸有限公司 财务专用章

会计　孙娟　　　出纳　周云　　　经手人　张华

第三联财务联

图 4-9

表 4-3

差 旅 费 报 销 单

No. 2843210

报销部门： 　　　　　　　　　　　填制日期： 年 月 日

出差人		部门		职务				地区类别	□A □B □C □D		
出差起止日 自 年 月 日 起至 年 月 日 止共 天 附单据 张											
月	日	时间	出发地	月	日	时间	到达地	机票费	车（船）费	卧铺费	市内交通费	住宿费	出差补助	其他	合计

（合计行与金额大写行略）

总经理		报销金额（大写）	人民币 佰 拾 万 仟 佰 拾 元 角 分		预借金额	
		财务经理		部门经理	报销金额	
					结余或超支	
会计复核		行政审批		出纳	领款人	

图 4-10

图 4-11

业务6：11日，北京市辰新商贸有限公司销售给平达商贸公司（地址：北京市经济开发区258号；电话：（010）25306060；开户行：中国工商银行河沽支行；账号：018350081895；统一社会信用代码：12011560SF083171）智能手表1 000件，每件售价800元，共计800 000元，增值税税额104 000元，价税合计904 000元。北京市辰新商贸有限公司以转账支票代购货方垫付运费500元，产品已发出并向银行办妥托收承付手续。就该项业务，财务人员取得的原始凭证如图4－12至图4－16所示。

中国工商银行
转账支票存根
24352525
7984552

附加信息

出票日期 20××年12月11日

收款人：	顺发运输有限公司
金　额：	¥500.00
用　途：	代垫运费

单位主管 李宏　　会计 孙娟

图4－12

中国工商银行进账单（回单）　　1

20XX 年 12 月 11 日

出票人	全　称	北京市辰新商贸有限公司	收款人	全　称	顺发运输公司
	账　号	23456798737		账　号	215615878456
	开户银行	中国工商银行北京市马神庙支行		开户银行	中国工商银行大兴区支行

金额	人民币（大写）	亿	千	百	十	万	千	百	十	元	角	分
	伍佰元整						¥	5	0	0	0	0

票据种类	转账支票	票据张数	壹张
票据号码	7984552		

复核：　　记账：

中国工商银行大兴区支行
20XX.12.11
业务办讫章

收款人开户银行盖章

图4－13

托收凭证（受理回单）

20XX 年 12 月 11 日

业务类型		委托汇款（ ☐邮划、 ☐电划） 托收承付（ ☐邮划、 ☑电划）											
付款人	全称	平达商贸公司	收款人	全称	北京市辰新商贸有限公司								
	账号	018350081895		账号	23456798737								
	地址	北京市经济开发区258号		地址	北京市海淀区马神庙231号								
	开户行	中国工商银行河沽支行		开户行	中国工商银行北京市马神庙支行								
金额	人民币（大写） 玖拾万肆仟伍佰元整				千	百	十	万	千	百	十	元	角	分
				¥			9	0	4	5	0	0	0	0
款项内容	货款	托收凭据名称	发票、购销合同		附寄单证张数			2					
商品发运情况	已发货		合同名称号码		54168								
备注 复核 记账		款项收妥日期： 20XX 年 12 月 11 日		收款人开户银行签章 20XX 年 12 月 11 日									

图 4-14

图 4-15

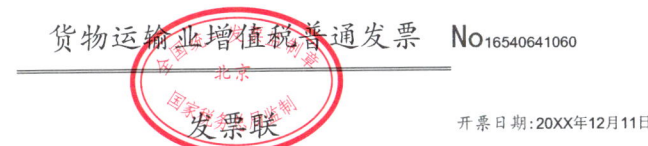

货物运输业增值税普通发票 No 16540641060

开票日期：20XX年12月11日

承运人及纳税人识别号	顺发运输公司 91M717978842			密码区	>/59220556+4/75>+980/>/59220556+4/75 >/59220556+4/75>+980/>/59220556+4/75 >/59220556+4/75>+980/>/59220556+4/75 >/59220556+4/75>+980/>/59220556+4/75		
实际受票方及纳税人识别号	平达商贸公司 12011560SF083171						
收货人及纳税人识别号	平达商贸公司 12011560SF083171			发货人及纳税人识别号	北京市辰新商贸有限公司 11230316MA7HDQ540L		
起运地、经由、到达地	北京市						
费用项目及金额	费用项目	金额	是否含税	运输货物信息	智能手表		
	运输费	500.00	是				
合计金额	500.00		税率	3%	税额	14.56	机器编号 78947
价税合计（大写）	人民币伍佰元整				（小写）￥500.00		
车种车号	京H 15484		车船吨位	10吨	备注		
主管税务机关及代码							

收款人：李伟　　复核人：　　开票人：李伟　　承运人：（章）

图 4-16

业务7：12日，北京市辰新商贸有限公司通过网银转账方式向三江电子设备厂（地址：北京市花园路905号；开户行：中国工商银行花园路支行；账号：90147523442325243252；统一社会信用代码：KIL514812575MJY100）预付购料款43 000元。财务人员就该业务取得的原始凭证如图4-17所示。

网上银行电子回单

回单号码：51231050410

付款人	户名	北京市辰新商贸有限公司		收款人	户名	三江电子设备厂
	账号	23456798737			账号	90147523442325243252
	开户银行	中国工商银行北京市马神庙支行			开户银行	中国工商银行花园路支行
金额	人民币 肆万叁仟元整					
摘要	预付购料款			业务（产品）种类	汇款	
用途	预付购料款					
交易流水号	026895			时间戳	20XX-12-12	
备注	预付购料款					
验证码	15304vd415ds5531036					
记账网点	5236		记账柜员	003	记账日期	20XX年12月12日

打印日期：20XX年12月12日

图 4-17

业务8：15日，北京市辰新商贸有限公司将银行存款150 000元划转入证券公司账户准备购买股票。财务人员就该业务取得的原始凭证如图4-18所示。

中国工商银行　网上银行电子回单

回单号码：43284937402987592357

付款人	户名	北京市辰新商贸有限公司	收款人	户名	北京安信证券海淀区营业部
	账号	23456798737		账号	491734892375
	开户银行	中国工商银行北京市马神庙支行		开户银行	中国工商银行北京市中关村支行
金额		人民币壹拾伍万元整			
摘要		存出投资款	业务（产品）种类		
用途		购买股票			
交易流水号		456471156	时间戳		20XX年12月15日

汇出行行号：14324324
原凭证种类：0129
原凭证金额：￥150000.00

（中国工商银行北京市马神庙支行 20XX.12.15 业务办讫章）

| 记账网点 | | 记账柜员 | | 记账日期 | 20XX年12月15日 |

打印日期：20XX年12月15日

重要提示：
1. 如果您是收款方，请到工行网站www.icbc.com.cn电子回单验证处进行回单验证。
2. 本回单不作为收款方发货依据，并请勿重复记账。
3. 您可以选择发送邮件，将此电子回单发送给指定的接收人。

图4-18

业务9：18日，接到银行收账通知，恒宇科技有限公司开具给辰新商贸（地址：上海市龙云路425号；开户行：工商银行龙云办；账号：594721560；统一社会信用代码：753031120549678）北京市辰新商贸有限公司的商业承兑汇票到期，票面金额为80 000元，期限是3个月，年利率为4%，票面金额及利息已经转入本公司账户。财务人员就该业务取得的原始凭证如表4-4、图4-19所示。

表4-4

应收票据利息计算表

票据种类	对方单位	票面金额/元	年利率	期限	利息/元	备注
商业承兑汇票	恒宇科技有限公司	80 000.00	4%	3个月	800.00	

委托收款凭证（收账通知）

68428　　　　　　　　　　　　　　　　　　　　　　　4　第 3 号

委托日期20XX 年12月18日　　　　　委托号码：54123156768465

付款期限20XX 年12月18日

付款人	全称	恒宇科技有限公司	收款人	全称	北京市辰新商贸有限公司									
	账号或地址	594721560		账号	23456798737									
	开户银行	中国工商银行南方支行		开户银行	中国工商银行北京市马神庙支行			行号	53453					

委收金额	人民币（大写）	捌万零捌佰元整	千	百	十	万	千	百	十	元	角	分
					¥	8	0	8	0	0	0	0

款项内容	商业承兑汇票到期	委托收款凭据名称	商业承兑汇票	附寄单证张数	2

备注：上列款项
1. 已全部或回收入你方账号
2. 全部未收到

收款人开户盖章　20XX.12.18

单位主管　　会计　　复核　　记账　　付款人开户银行收到日期　年 月 日　　支付日期　年 月 日

图 4-19

业务 10：19 日，北京市辰新商贸有限公司向银行申请办理银行汇票 150 000 元，准备到四川星星公司（地址：成都市佳酿路 15 号；开户行：工商银行佳酿路支行；账号：21588766；统一社会信用代码：MF1497520014）办理设备采购。财务人员就该业务取得的原始凭证如图 4-20、图 4-21 所示。

中国工商银行银行汇票申请书（借方凭证）2

申请日期　20XX 年 12 月 19 日　　第 2 号

收款人	四川星星公司	汇款人	北京市辰新商贸有限公司
账号或地址	21588766　成都市佳酿路 15 号	账号或地址	23456798737　北京市海淀区马神庙 231 号
兑付地点	成都市佳酿路 36 号	兑付行	成都市佳酿路支行

汇款金额	人民币（大写）	壹拾伍万元整	千	百	十	万	千	百	十	元	角	分
					¥	1	5	0	0	0	0	0

上列款项请从我账户内支付

申请人：（北京市辰新商贸有限公司 财务专用章）

科　目
对方科目
转账日期
复核　　记账

图 4-20

付款期限 壹个月	 中国工商银行　　汇票号码：
	银　行　汇　票　　　　　2

出票日期　　　年　月　日
（大写）
代理付款行：　　　　　　　行号：

收款人		账号	
出票金额	人民币（大写）		
实际结算金额	人民币（大写）		千百十万千百十元角分

申请人：＿＿＿＿＿＿＿　账号：＿＿＿＿＿＿
出票行：＿＿＿＿＿　行号：＿＿＿＿
备注：＿＿＿＿＿
凭票付款
出票行签章

密押：
多　余　金　额
千百十万千百十元角分
复核　　记账

提示付款期限自出票之日起壹个月

此联代理付款行付款后作联行往账借方凭证附件

图 4-21

业务 11：20 日，北京市辰新商贸有限公司决定建造简易仓库，工程预算总造价 100 000 元，本日开工并预付施工单位合同规定款的 50%，预计 25 天完工。财务人员就该业务取得的原始凭证如图 4-22 至图 4-24 所示。

中国工商银行
转账支票存根
24352525
7984555

附加信息＿＿＿＿＿＿
＿＿＿＿＿＿＿＿＿＿
＿＿＿＿＿＿＿＿＿＿

出票日期 20××年12月20日

收款人：林木建筑公司
金　额：¥50000.00
用　途：预付施工款

单位主管 李宏　　会计 孙娟

图 4-22

中国工商银行进账单（回单）　　1

20XX 年 12 月 20 日

出票人	全称	北京市辰新商贸有限公司	收款人	全称	林木建筑公司
	账号	23456798737		账号	97841651785
	开户银行	中国工商银行北京市马神庙支行		开户银行	中国工商银行东风路支行

金额	人民币（大写）	伍万元整	亿 千 百 十 万 千 百 十 元 角 分
			￥ 5 0 0 0 0 0 0

票据种类	转账支票	票据张数	壹张
票据号码	7984555		

复核：　　　记账：　　　收款人开户银行盖章

（盖章：中国工商银行东风路支行　20XX.12.20　业务办讫章）

图 4-23

收款单据　　0125789

日期：20XX 年 12 月 20 日

今收到　北京市辰新商贸有限公司
交来　　预付工程款

人民币（大写）　零佰 零拾 伍万 零仟 零佰 零拾 零元 零角 零分

￥50000.00　□现金　☑转账　□刷卡　□其他

（盖章：林木建筑公司财务章）

第一联 存根（白）
第二联 缴款人（红）
第三联 财务（黄）

会计：　　记账：　　出纳：钟鸣　　经手人：李明

图 4-24

业务 12：21 日，采购员持银行汇票赴四川采购设备包装器，价款 95 000 元，增值税税额 12 350 元，四川星星公司（地址：成都市佳酿路 15 号；开户行：工商银行佳酿路支行；账号：21588766；统一社会信用代码：MF1497520014）代办托运事宜，运输费用价税合计 2 850 元，多余款项退回存入银行。财务人员就该业务取得的原始凭证如图 4-25 至图 4-27 所示。

四川增值税专用发票　NO465463636

核验码：69184115615848　　　发票联　　　开票日期：20XX年12月21日

购买方	名称	北京市辰新商贸有限公司					密码区	67/*+3*0/611*++0/+0*/*+3+2 *11**+66666**066611*+66666* 1**+216***6000*261*2*4/*54 203994+-42*64151*6915361/3		
	纳税人识别号	11230316MA7HDQ540L								
	地址、电话	北京市海淀区马神庙231号 （010）68538042								
	开户行及账号	中国工商银行北京市马神庙支行 23456798737								
货物或应税劳务、服务名称		规格型号	单位	数量	单价	金额		税率	税额	
设备生产线		FC500	条	1	95000.00	95000.00		13%	12350.00	
合计						¥95000.00			¥12350.00	
价税合计（大写）		人民币壹拾万零柒仟叁佰伍拾元整				（小写） ¥107350.00				
销售方	名称	四川星星公司				备注				
	纳税人识别号	MF1497520014								
	地址、电话	成都市佳酿路15号 5819233								
	开户行及账号	中国工商银行佳酿路支行 21588766								

收款人：　　复核：　　开票人：夏圆圆　　销售方：章

图 4-25

货物运输业增值税专用发票　No8465415152321

发票联　　　开票日期：20XX年12月21日

承运人及纳税人识别号	四川速达运输有限责任公司 44874LKM15468620		密码区	>/59220556+4/75+980/>/59220556+4/75 >/59220556+4/75+980/>/59220556+4/75 >/59220556+4/75+980/>/59220556+4/75 >/59220556+4/75+980/>/59220556+4/75	
实际受票方及纳税人识别号	北京市辰新商贸有限公司 11230316MA7HDQ540L				
收货人及纳税人识别号	北京市辰新商贸有限公司 11230316MA7HDQ540L		发货人及纳税人识别号	四川星星公司 MF1497520014	
起运地、经由、到达地	四川省成都市、北京市				
费用项目及金额	费用项目	金额	费用项目	金额	运输货物信息
	运费	2614.68			机器设备
	合计金额	2614.68	税率 9%	税额 235.32	机器编号 2165
价税合计（大写）	人民币贰仟捌佰伍拾元整			（小写）¥2850.00	
车种车号	川D 256785		车船吨位	50吨	备注
主管税务机关及代码					

收款人：　　复核人：　　开票人：张琳琳　　承运人：（章）

图 4-26

付款期限 壹个月	中国工商银行 银行汇票			汇票号码：4134352 （多余款收账通知） 4					

出票日期 贰零XX 年 壹拾贰 月 贰拾壹 日（大写）　　代理付款行：中国工商银行佳酿路支行　行号：354352452

收款人　四川星星公司　　　　账号　21588766

出票金额　人民币（大写）　壹拾伍万元整

实际结算金额　人民币（大写）　壹拾壹万零贰佰元整　　￥150000 00

申请人　北京市辰新商贸有限公司　　账号：23456798737

出票行　中国工商银行北京市马神庙支行　行号：43534543

密押：36357676

备注：

凭票付款

出票行签章　（中国工商银行北京市马神庙支行 转讫章）

多余金额　￥39800 00　　复核　记账

此联代理付款行付款后作联行往账借方凭证附件

提示付款期限自出票之日起壹个月

图 4－27

业务 13：22 日，北京市辰新商贸有限公司购入办公用文件柜 5 个，每个 452 元（含税单价），共计 2 260 元，取得增值税普通发票一张，开出转账支票一张。财务人员就该业务取得的原始凭证如图 4－28、图 4－29 所示。

中国工商银行
转账支票存根
24352525
7984556

附加信息

出票日期 20××年 12 月 22 日
收款人：五星办公用品批发公司
金　额：￥2260.00
用　途：购入办公文件柜
单位主管 李宏　　会计 孙娟

图 4－28

图 4-29

业务14：23日，北京市辰新商贸有限公司给采购部报销业务招待费450元，款项以现金支付，取得的餐饮费发票如图4-30所示。请填写费用报销清单（见图4-31）。

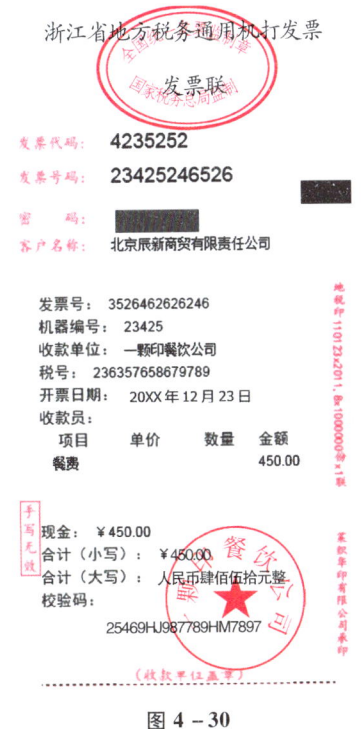

图 4-30

费用报销清单

报销部门：　　　　　　　报销日期： 20XX 年 12 月 23 日

用　途	报　销　金　额		财务部审核意见
	单据张数	金额	

原始单据贴后

金额合计（大写）　　　　　　　　　　　¥：

付款记录：　□ 现金　　□ 银行　　□ 微信　　□ 支付宝

主管：　　　　会计：　　　　出纳：　　　　领款人：

图 4－31

业务 15：24 日，北京市辰新商贸有限公司财务部开出转账支票一张支付下一年的报刊费用 1 200 元。财务人员就该业务取得的原始凭证如图 4－32 至图 4－34 所示。

中国工商银行
转账支票存根

24352525
7984557

附加信息
_____
_____

出　票　日　期 20××年 12 月 24 日

| 收款人：北京市马神庙邮政局 |
| 金　额：¥1200.00 |
| 用　途：报刊订阅费用 |
| 单位主管　李宏　　会计　孙娟 |

图 4－32

中国工商银行进账单（回单）   1

20XX 年 12 月 24 日

出票人	全称	北京市辰新商贸有限公司	收款人	全称	北京市马神庙邮政局
	账号	23456798737		账号	234567988165
	开户银行	中国工商银行北京市马神庙支行		开户银行	中国工商银行北京市马神庙支行

金额	人民币（大写）	壹仟贰佰元整	亿	千	百	十	万	千	百	十	元	角	分
							¥	1	2	0	0	0	0

票据种类	转账支票	票据张数	壹张
票据号码	7984557		

复核：　　　记账：　　　收款人开户银行盖章

图 4-33

收款单据　　　No. 25426356

日期：20XX年12月24日

今收到 北京市辰新商贸有限责任公司
交来 20XX年报刊订阅费共计人民币壹仟贰佰元整

人民币（大写）　人民币　零佰　零拾　零万　壹仟　贰佰　零拾　零元　零角　零分

¥：1200.00　　□现金　☑转账　□刷卡　□其他

第二联 缴款人

会计：　　记账：　　出纳：王丽丽　　经手人：王源

图 4-34

业务 16：25 日，北京市辰新商贸有限公司以转账支票形式向嘉禾加工厂（地址：北京市小西天路95号；开户行：中国工商银行小西天路支行；账号：435594353476766；统一社会信用代码：G148F1490487264H）支付加工费 2 260 元，其中，加工包装箱的加工费 2 000 元，增值税税额 260 元，加工完成包装箱 30 个，如数验收入库。财务人员就该业务取得的原始凭证如图 4-35 至图 4-38 所示。

北京增值税专用发票　NO56165051

发票联

核验码：69141657726　　　　　　　　　　　　　　　开票日期：20XX年12月25日

购买方	名　称	北京市辰新商贸有限公司	密码区	67/*+3*0/611*++0/+0*/*+3+2 *11*+66666**066611*+66666* 1**+216***6000*261*2*4/*54 203994+-42*64151*6915361/3
	纳税人识别号	11230316MA7HDQ540L		
	地址、电话	北京市海淀区马神庙231号（010）68538042		
	开户行及账号	中国工商银行北京市马神庙支行 23456798737		

货物或应税劳务、服务名称	规格型号	单位	数量	单价	金额	税率	税额
加工费			1	2000	2000.00	13%	260
合　计					￥2000.00		￥260.00

价税合计（大写）	人民币贰仟贰佰陆拾元整	（小写）	￥2260.00

销售方	名　称	嘉禾加工厂	备注	
	纳税人识别号	G148F1490487264H		
	地址、电话	北京市小西天路95号（010）59423366		
	开户行及账号	中国工商银行小西天路支行 435594353476766		

收款人：　　　复核：　　　开票人：李达新　　　销售方：章

图 4－35

中国工商银行

转账支票存根

24352525

7984558

附加信息

出票日期 20××年12月25日

收款人：嘉禾加工厂

金　额：￥2260.00

用　途：支付委托加工费

单位主管 李宏　　会计 孙娟

图 4－36

中国工商银行进账单（回单）　　　1

20XX 年 12 月 25 日

出票人	全　称	北京市辰新商贸有限公司	收款人	全　称	嘉禾加工厂
	账　号	23456798737		账　号	435594353476766
	开户银行	中国工商银行北京市马神庙支行		开户银行	中国工商银行小西天路支行

金额	人民币（大写）	贰仟贰佰陆拾元整	亿 千 百 十 万 千 百 十 元 角 分
			￥　　　　　　2 2 6 0 0 0

票据种类	转账支票	票据张数	壹张
票据号码	7984558		

复核：　　　记账：　　　　　收款人开户银行盖章

（中国工商银行小西天路支行 20XX.12.25 业务办讫章）

图 4-37

入 库 单　　　No 0000186

送货单位：嘉禾加工厂　　　20XX年 12 月 25 日

货物类别：□原材料　□成品　☑其他　　　　订单编号：156288

编号	名称	规格	单位	入库数量	单价	金额	备注
1	包装箱	70*70	个	30			
合计金额	佰　拾　万　仟　佰　拾　元　角　分 ￥：						

主管：徐峰　　仓库：低值易耗品仓库　　记账：王璐　　经手人：张民生

图 4-38

业务17：26 日，以转账支票支付广告费 2 472 元。财务人员就该业务取得的原始凭证如图 4－39、图 4－40 所示。

北京增值税普通发票 NO 49450451

发票联

机器编码：1540451032

开票日期：20XX年12月26日

购买方	名　称：北京市辰新商贸有限公司 纳税人识别号：11230316MA7HDQ540L 地址、电话：北京市海淀区马神庙231号（010）68538042 开户行及账号：中国工商银行北京市马神庙支行 23456798737			密码区	67/*+3*0/611*++0/+0*/*+3+2/9 *11*+66666**066611*+66666* 1**+216***6000*261*2*4/*547 203994+-42*64151*6915361/3*		
货物或应税劳务、服务名称	规格型号	单位	数量	单价	金额	税率	税额
广告费					2400	3%	72
合　计					¥2400.00		¥72.00
价税合计（大写）	⊗贰仟肆佰柒拾贰元整				（小写）¥2472.00		
销售方	名　称：鼎力广告打印公司 纳税人识别号：556SDF3212456565 地址、电话：北京市大兴区东风西路456号（010）68523429 开户行及账号：中国招商银行北京市大兴区支行 15146843203210			备注	鼎力广告打印公司 发票专用章		

收款人：　　复核：　　开票人：王路　　销售方：章

第二联：发票联　购买方记账凭证

图 4－39

中国工商银行

转账支票存根

24352525

7984559

附加信息

出票日期 20××年 12 月 26 日

收款人：	鼎力广告打印公司
金　额：	¥2472.00
用　途：	广告打印费用

单位主管 李宏　　会计 孙娟

图 4－40

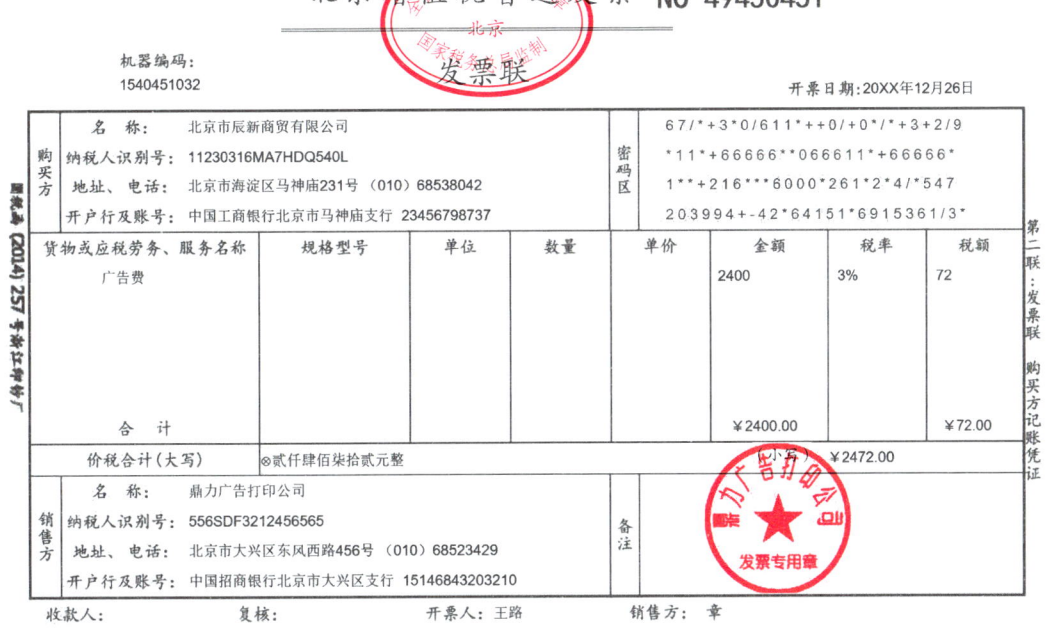

业务18：27日，职工杨威因违规操作被罚款现金500元。财务人员就该事项取得的原始凭证如图4－41所示。

收款收据

入账日期：20××年12月27日

今收到：杨威

交来：违规操作罚款　　现金收讫

金额(大写)人民币　零拾　零万　零仟　伍佰　零拾　零元　零角　零分

¥500.00　☑现金　☐支票　☐转账　☐其他　　收款单位（盖章）北京市辰新商贸有限公司 财务专用章

第三联财务联

会计　孙娟　　出纳　周云　　经手人　杨威

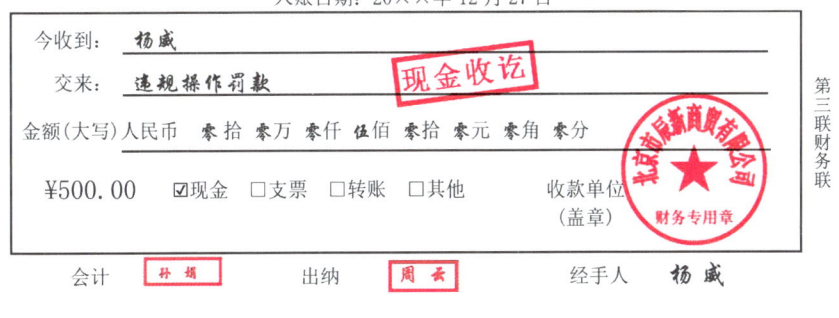

图4－41

业务19：29日，根据合同规定，北京市辰新商贸有限公司预收客户北京市青云四季旅社张明以转账支票方式支付的购货款5 000元并存入银行。财务人员就该事项取得的原始凭证如图4－42、图4－43所示。

收款收据

入账日期：20××年12月29日

今收到：客户北京市青云四季旅社

交来：预付购货款　　银行收讫

金额(大写)人民币　零拾　零万　伍仟　零佰　零拾　零元　零角　零分

¥5000.00　☐现金　☑支票　☐转账　☐其他　　收款单位（盖章）北京市辰新商贸有限公司 财务专用章

第三联财务联

会计　孙娟　　出纳　周云　　经手人　张明

图4－42

中国工商银行进账单（回单）　　1

20XX 年 12 月 29 日

出票人	全称	北京市青云四季旅社	收款人	全称	北京市辰新商贸有限公司
	账号	56323368712		账号	23456798737
	开户银行	中国建设银行五道口支行		开户银行	中国工商银行北京市马神庙支行
金额	人民币（大写）	伍仟元整		亿 千 百 十 万 千 百 十 元 角 分	¥ 5 0 0 0 0 0
票据种类	转账支票	票据张数	1		
票据号码	5645482				
复核：	记账：			收款人开户银行盖章（中国工商银行北京市马神庙支行 20XX.12.29 业务办讫章）	

此联是开户银行交给持票人的回单

图4－43

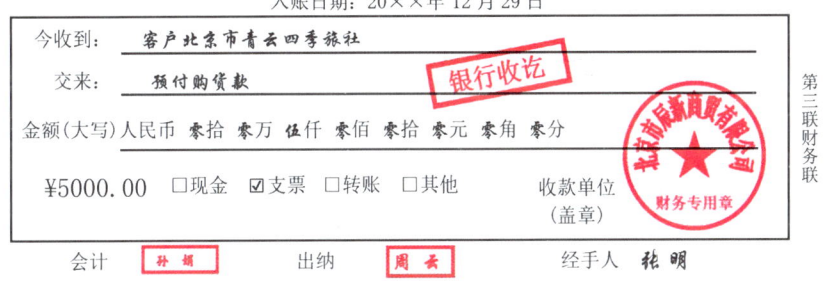

业务 20：30 日，用库存现金支付仓储部职工补助 600 元，职工帮扶补助发放表如表 4-5 所示。

表 4-5

职工帮扶补助发放表

姓名	金额	签字
李秀	300.00 元	李秀
林林	300.00 元	林林

业务 21：31 日，请根据"业务 1"至"业务 20"中审核无误的会计凭证登记本月库存现金日记账与银行存款日记账。

注：实训用日记账账页见附件二。

业务 22：31 日，出纳周云实地盘点库存现金的盘点结果为：100 元 33 张、50 元 2 张、10 元 1 张、1 元 9 张、5 角的硬币 5 个。根据"业务 21"编制的库存现金日记账和库存现金的实地盘点情况，请编制库存现金盘点表（见表 4-6）并签章。

表 4-6

索引号：

库存现金盘点表

盘点日期：2023 年 01 月 06 日

单位名称：

货币面值	张（枚）数	金额/元	项目	行次		金额/元
壹佰元			调整前现金账面余额	①		
伍拾元			加：已收入但未记账	②		
贰拾元			加：已付出但未记账	③		
拾元			调整后实际账面余额	④=①+②-③		
伍元			盘点日实有现金数额	⑤		
贰元			长款	⑥=⑤-④>0		
壹元			短款	⑦=⑤-④<0		
伍角						
贰角						
壹角						
伍分						
贰分			长款（短款）原因：			
壹分						
实点数						

会计主管： 监盘人： 出纳：

业务23：31日，根据"业务21"编制的银行存款日记账和银行对账单（见图4-44），请编制银行存款余额调节表（见表4-7）并盖章。

工商银行银行对账单

单位名称：北京市辰新商贸有限公司　　账号：23456798737　　20××年12月31日

20××年		凭证号	摘要	结算凭证		借方	贷方	余额
月	日			种类	号码			
12	1		承前页					423 210.78
12	1		收到前期货款	委收	0560	70 000.00		493 210.78
12	4		收到投资款	银转	3216	100 000.00		593 210.78
12	7		采购原材料	转支	7984551		31 640.00	561 570.78
12	11		销售商品	委收		904 500.00		1 466 070.78
12	11		支付代垫运费	转支	7984552		500.00	1 465 570.78
12	12		预付购货款	网银支付	51231050410		43 000.00	1 422 570.78
12	15		存出投资款	网银支付	92357		150 000.00	1 272 570.78
12	18		汇票到期收款	委收	68465	80 800.00		1 353 370.78
12	19		开具银行汇票业务	银行汇票	4134352		150 000.00	1 203 370.78
12	20		预付工程款	转支	7984555		50 000.00	1 153 370.78
12	21		购买设备，银行汇票解讫	银行汇票	4134352	39 800.00		1 193 170.78
12	24		支付报刊费	转支	7984557		1 200.00	1 191 970.78
12	25		支付加工费	转支	7984558		2 260.00	1 189 710.78
12	29		预收账款	转支	5645482	5 000.00		1 194 710.78

图4-44

表4-7

银行存款余额调节表

编制日期：

项目	金额/元	项目	金额/元
企业银行存款日记账金额		银行对账单金额	
加：银行已收、企业未收款		加：企业已收、银行未收款	
减：银行已付、企业未付款		减：企业已付、银行未付款	
调节后的存款金额		调节后的存款金额	

业务24：请完成本月库存现金日记账与银行存款日记账的月末结账工作（包括月结和年结）。

实训五

会计凭证的装订与保管

一、实训目的

会计凭证,是会计工作中形成的专门用于记载经济业务事项的发生和完成,并作为登记账簿依据的重要历史资料,是会计档案的重要组成部分,也是查验会计工作中是否存在营私舞弊行为的重要证据,因此按照《中华人民共和国会计法》及《会计基础工作规范》的规定,企业必须建立会计档案,妥善保管。在此,通过实训,使学生熟练掌握会计凭证的归档整理和装订方法,并熟悉会计凭证保管的相关要求。

二、技能要求

(一) 总体要求

1. 会计凭证的定期归档整理和装订。
2. 会计凭证的科学保管及要求。

(二) 具体操作要求

1. 会计凭证的定期归档整理。

会计凭证的定期归档整理,是装订会计凭证前的必备工作,是形成会计档案的必然要求,也是装订规范、美观会计凭证的重要保证。其主要分为以下五个步骤:

步骤一:实际工作中,会计人员在将相关的会计凭证登记账簿后,首先应于月末对相关的会计凭证(如原始凭证、记账凭证、科目汇总表、银行对账单等)进行分类整理,按相应的工作要求进行粘贴、折叠和排序,并检查凭证的日期、编号、项目等内容是否齐全。

步骤二:将记账凭证按凭证编号由小到大进行排列(因实训材料有限,为方便教学,此实训内容以"收、付、转"凭证顺序编号为例,不强调"收、付、转"凭证分别编号),在装订前要先设计好装订册数及每册的厚度。一般厚度标准以1.5至2.0厘米为宜。

步骤三：摘除会计凭证内的金属物（如订书钉、大头针、回形针），整理凭证至齐整。

步骤四：先检查记账凭证顺序号，如有颠倒则应重新排列，发现缺号要查明原因；再检查附件是否漏缺，如领料单、入库单、工资奖金发放单等附件是否齐全。

步骤五：检查记账凭证上有关人员（如财务主管、复核人员、记账人员、制单人员等）的印章是否齐全。

2. 会计凭证的装订方法（以凭证装订机装订为例）。

（1）装订会计凭证主要包括以下七个步骤：

步骤一：装订会计凭证前，以会计凭证左上侧为准，摆放整齐，准备好装订机、热熔铆管（或锥子和针线）、夹子、胶水、凭证封面和封底、凭证包角纸等工具。

步骤二：把会计凭证、凭证包角纸、封面、封底（抽出凭证登记表）整理整齐（注意：如果没有凭证包角纸，则使用两张封面，一张作为包角纸，一张作为记账凭证标签）。

步骤三：在凭证的左上角画一个边长约为5厘米的等腰三角形，用夹子将凭证夹住后，使用装订机（或锥子）在会计凭证左上角打上三个孔。

步骤四：在凭证装订机打孔一侧按压打孔、使用热熔管压铆。控制装订部分所占大小，尽可能多地露出记账凭证及其附件，便于事后查阅（注意：如果用封面作为包角纸，则要将保护角向左上侧翻折，并将一侧剪开至凭证左上角处）。

步骤五：将凭证包角纸突出的两端向后翻折，并用胶水将其粘贴在凭证背面。

步骤六：待胶水晾干后，在每本封面上填写凭证种类、起止号码、凭证张数、会计主管人员和装订人员签章等信息。

步骤七：凭证封面编号，按从小到大的编号顺序入柜，并在明显位置标明凭证种类及编号，便于调阅。

会计凭证装订视频

（2）会计凭证装订方法——图解。

步骤一：把会计凭证叠放整齐，加具凭证包角纸、封面、封底后向左上角磕齐，并用铁夹夹紧，如图5-1、图5-2所示。

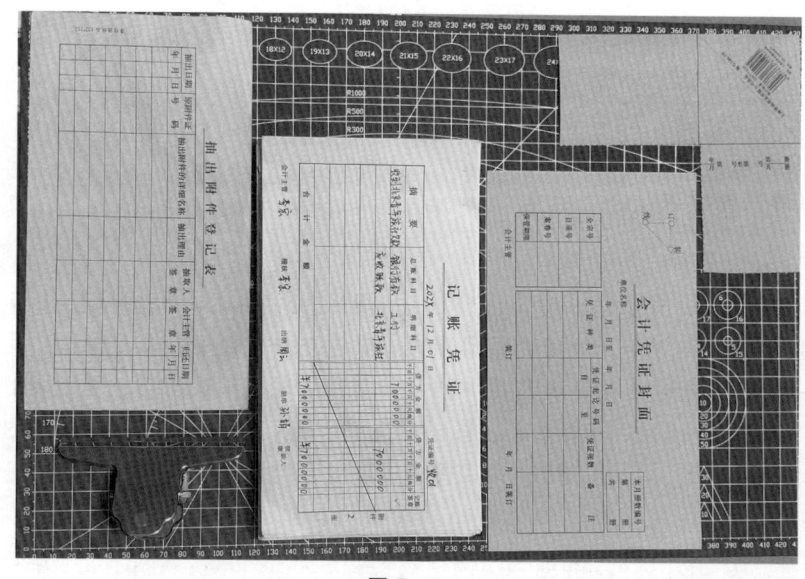

图 5-1

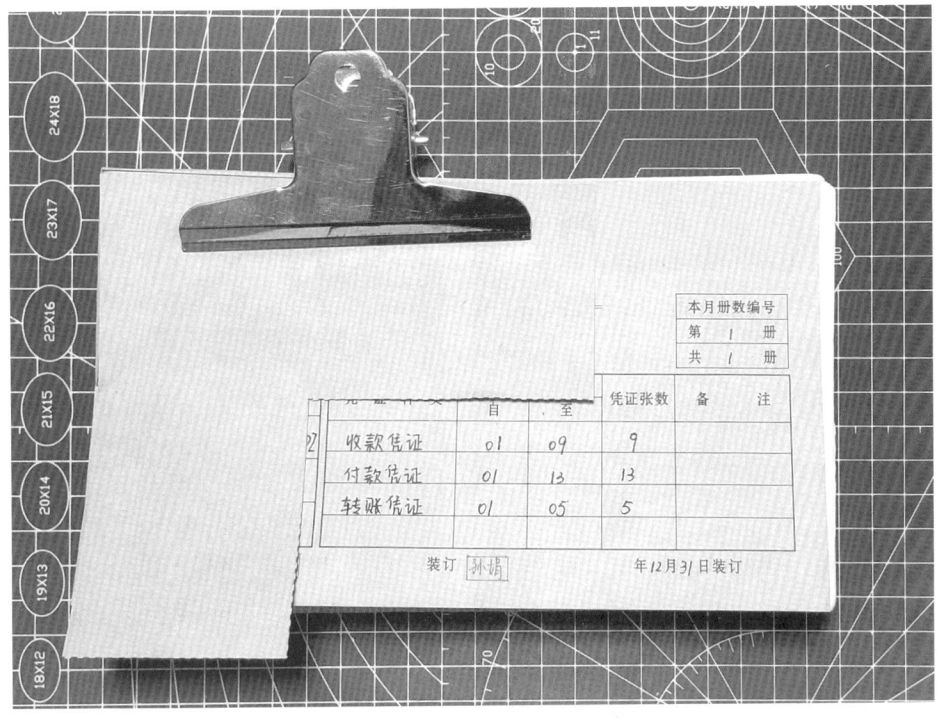

图 5-2

步骤二：在会计凭证的左上角用笔标记三个洞的大概位置，用凭证装订机打孔一侧按压打孔、用热熔一侧装管压铆，如图 5-3 至图 5-8 所示。

图 5-3 标记三个洞的位置

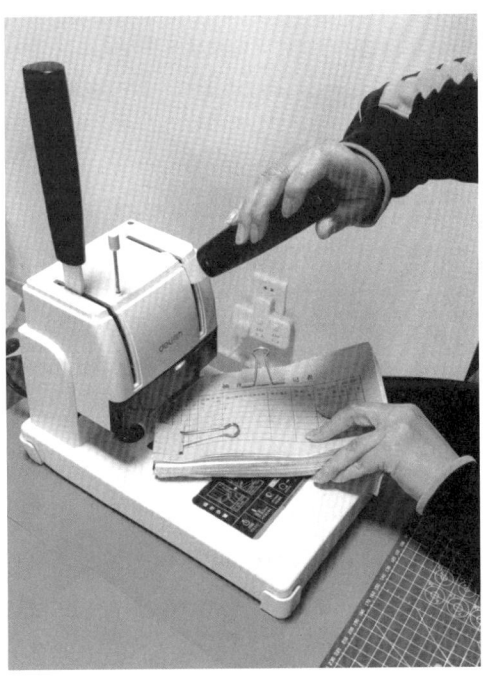

图 5-4 按压打孔

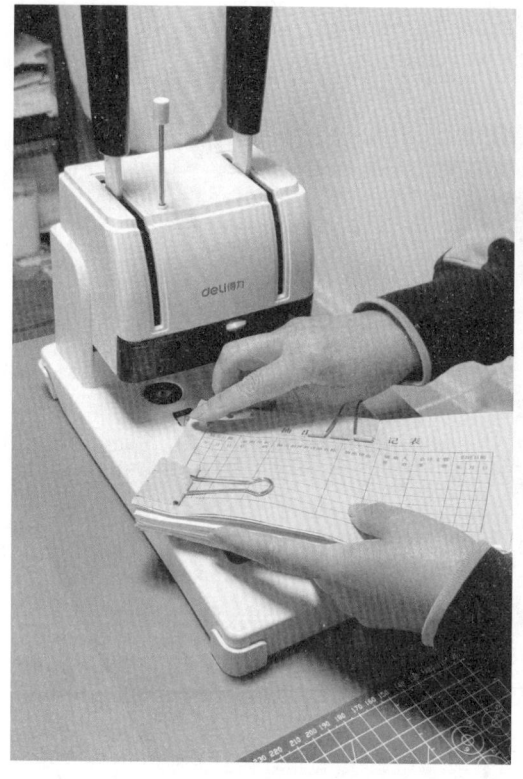

图 5-5　在打孔处装铆管

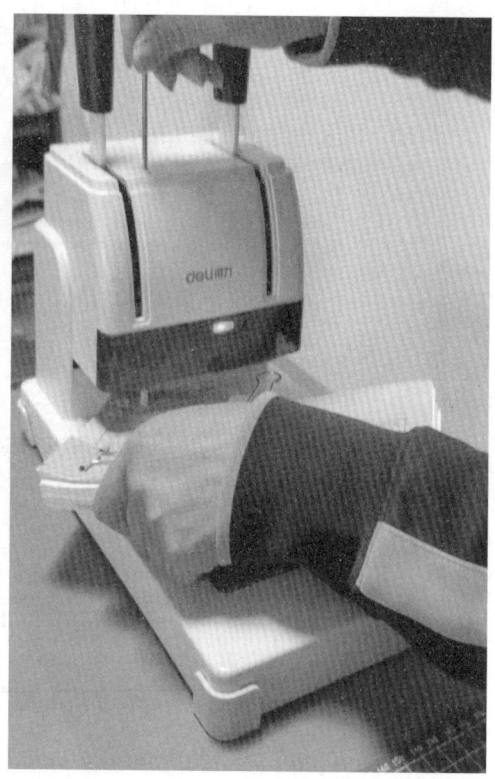

图 5-6　压下定位针

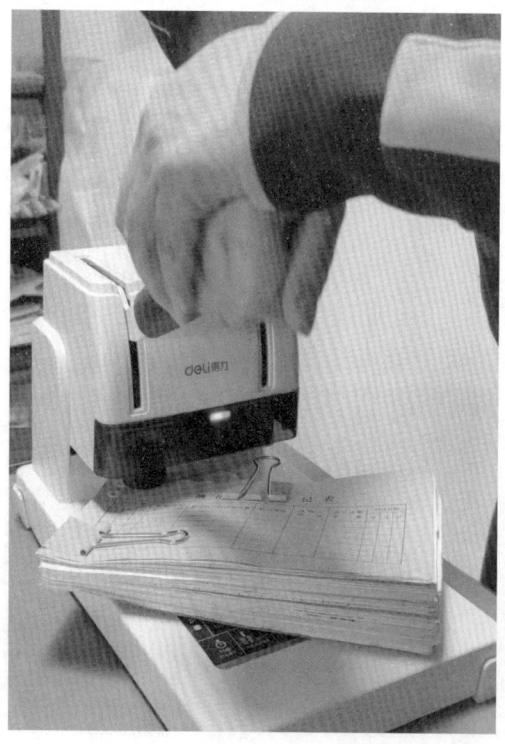

图 5-7　按压热熔机压铆固定

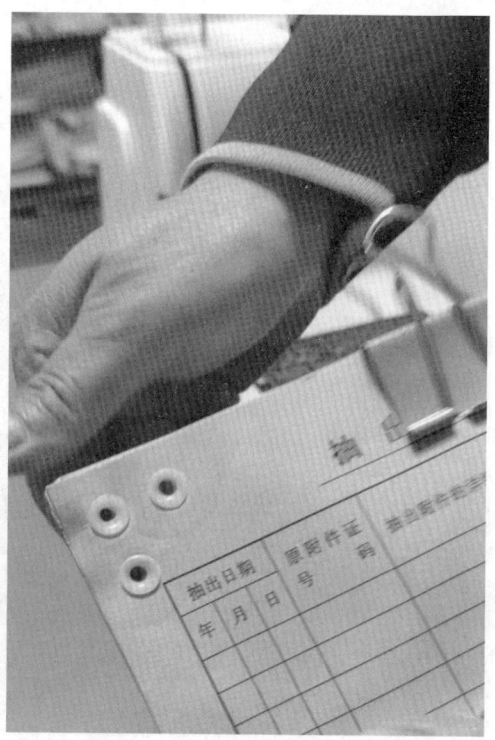

图 5-8　装订后的凭证背面

步骤三：将凭证包角纸突出两端翻折向后并粘贴在凭证背面，如图 5-9 至图 5-12 所示。

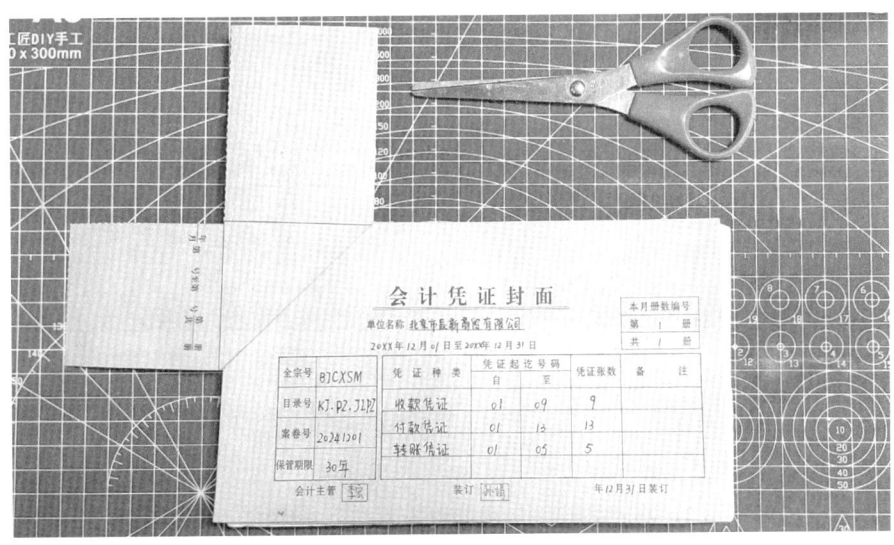

图 5-9

图 5-10

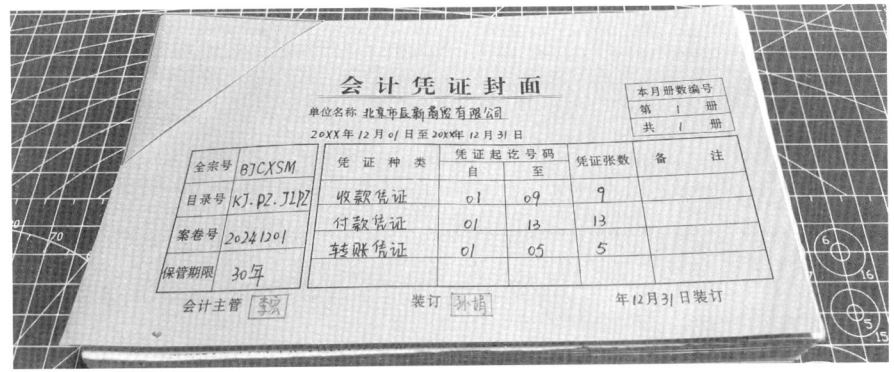

图 5-11

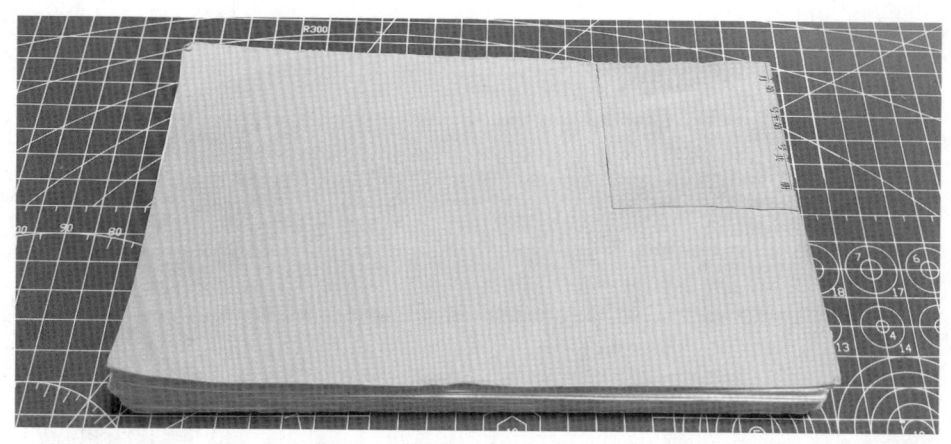

图 5-12

3. 会计凭证的归档保管。

(1) 会计凭证的保管、借阅与复制。

经过整理、装订成册的会计凭证,应指定专人保管。一般情况下,当年的会计凭证,在会计年度终了后,可暂由本单位会计部门保管一年。保管期满,原则上应由会计部门移交档案部门管理。原始凭证不得外借,其他单位如有特殊原因确实需要使用时,经本单位会计机构负责人、会计主管批准,可以复制。向外单位提供的原始凭证复制件,应当在专设的登记簿上登记,并由提供人员和收取人员共同签名或盖章。

(2) 按规定期限保存、销毁会计凭证。

会计凭证的保管期限和销毁手续,必须严格执行会计法规和财经纪律,期满前不得任意销毁。保管期满,需要销毁的会计凭证,由单位档案部门提出销毁意见,会同财务部门共同鉴定、严格审查,编造会计档案销毁清册,履行审批手续,由有关人员监督销毁。企业和其他组织会计档案保管期限表如表 5-1 所示。

表 5-1 企业和其他组织会计档案保管期限表

序号	档案名称	保管期限	备注
一	会计凭证		
1	原始凭证	30 年	
2	记账凭证	30 年	
二	会计账簿		
3	总账	30 年	
4	明细账	30 年	
5	日记账	30 年	
6	固定资产卡片		固定资产报废清理后保管 5 年

续表

序号	档案名称	保管期限	备注
7	其他辅助性账簿	30年	
三	财务会计报告		
8	月度、季度、半年度财务报告	10年	
9	年度财务报告	永久	
四	其他会计资料		
10	银行存款余额调节表	10年	
11	银行对账单	10年	
12	纳税申报表	10年	
13	会计档案移交清册	30年	
14	会计档案保管清册	永久	
15	会计档案销毁清册	永久	
16	会计档案鉴定意见书	永久	

三、实训资料

根据实训四编制的记账凭证及其所附原始凭证，进行会计凭证的装订。

附件一 空白凭证

收款凭证
　　年　月　日　　　　　收字第　　号

摘要	科目		借方金额								贷方金额								备注
	总账科目	明细科目	百	十	万	千	百	十	元	角	分	百	十	万	千	百	十	元	角	分	
合计																				

附单据　　张

会计主管：　　　　　记账：　　　　　出纳：　　　　　复核：　　　　　填制：

收款凭证
　　年　月　日　　　　　收字第　　号

摘要	科目		借方金额								贷方金额								备注
	总账科目	明细科目	百	十	万	千	百	十	元	角	分	百	十	万	千	百	十	元	角	分	
合计																				

附单据　　张

会计主管：　　　　　记账：　　　　　出纳：　　　　　复核：　　　　　填制：

收款凭证

收字第　　号

年　月　日

摘要	科目		借方金额								贷方金额								备注
	总账科目	明细科目	百	十	万	千	百	十	元	角	分	百	十	万	千	百	十	元	角	分	
合计																				

附单据　　张

会计主管：　　　记账：　　　出纳：　　　复核：　　　填制：

收款凭证

收字第　　号

年　月　日

摘要	科目		借方金额								贷方金额								备注
	总账科目	明细科目	百	十	万	千	百	十	元	角	分	百	十	万	千	百	十	元	角	分	
合计																				

附单据　　张

会计主管：　　　记账：　　　出纳：　　　复核：　　　填制：

收款凭证

年 月 日 收字第　号 附单据　张

摘要	科目		借方金额									贷方金额									备注
	总账科目	明细科目	百	十	万	千	百	十	元	角	分	百	十	万	千	百	十	元	角	分	
合计																					

会计主管：　　　　记账：　　　　出纳：　　　　复核：　　　　填制：

收款凭证

年 月 日 收字第　号 附单据　张

摘要	科目		借方金额									贷方金额									备注
	总账科目	明细科目	百	十	万	千	百	十	元	角	分	百	十	万	千	百	十	元	角	分	
合计																					

会计主管：　　　　记账：　　　　出纳：　　　　复核：　　　　填制：

收款凭证

　　年　月　日　　　　收字第　　号

摘要	科目		借方金额									贷方金额									备注
	总账科目	明细科目	百	十	万	千	百	十	元	角	分	百	十	万	千	百	十	元	角	分	
																					附单据　　张
合计																					

会计主管：　　　　记账：　　　　出纳：　　　　复核：　　　　填制：

收款凭证

　　年　月　日　　　　收字第　　号

摘要	科目		借方金额									贷方金额									备注
	总账科目	明细科目	百	十	万	千	百	十	元	角	分	百	十	万	千	百	十	元	角	分	
																					附单据　　张
合计																					

会计主管：　　　　记账：　　　　出纳：　　　　复核：　　　　填制：

收款凭证

　　　年　月　日　　　　　　　　　收字第　　号

摘要	科目		借方金额								贷方金额								备注
	总账科目	明细科目	百	十	万	千	百	十	元	角	分	百	十	万	千	百	十	元	角	分	
合计																					

附单据　　张

会计主管：　　　记账：　　　出纳：　　　复核：　　　填制：

收款凭证

　　　年　月　日　　　　　　　　　收字第　　号

摘要	科目		借方金额								贷方金额								备注
	总账科目	明细科目	百	十	万	千	百	十	元	角	分	百	十	万	千	百	十	元	角	分	
合计																					

附单据　　张

会计主管：　　　记账：　　　出纳：　　　复核：　　　填制：

收款凭证

年 月 日

收字第 号

附单据 张

摘要	科目		借方金额									贷方金额									备注
	总账科目	明细科目	百	十	万	千	百	十	元	角	分	百	十	万	千	百	十	元	角	分	
合计																					

会计主管： 记账： 出纳： 复核： 填制：

收款凭证

年 月 日

收字第 号

附单据 张

摘要	科目		借方金额									贷方金额									备注
	总账科目	明细科目	百	十	万	千	百	十	元	角	分	百	十	万	千	百	十	元	角	分	
合计																					

会计主管： 记账： 出纳： 复核： 填制：

收 款 凭 证

年 月 日　　　　　　收字第　　　号

摘要	科目		借方金额									贷方金额									备注
	总账科目	明细科目	百	十	万	千	百	十	元	角	分	百	十	万	千	百	十	元	角	分	
合计																					

附单据　　　张

会计主管：　　　记账：　　　出纳：　　　复核：　　　填制：

收 款 凭 证

年 月 日　　　　　　收字第　　　号

摘要	科目		借方金额									贷方金额									备注
	总账科目	明细科目	百	十	万	千	百	十	元	角	分	百	十	万	千	百	十	元	角	分	
合计																					

附单据　　　张

会计主管：　　　记账：　　　出纳：　　　复核：　　　填制：

收 款 凭 证

年 月 日

收字第 号

附单据 张

摘要	科目		借方金额								贷方金额								备注
	总账科目	明细科目	百	十	万	千	百	十	元	角	分	百	十	万	千	百	十	元	角	分	
合计																				

会计主管:　　　　记账:　　　　出纳:　　　　复核:　　　　填制:

收 款 凭 证

年 月 日

收字第 号

附单据 张

摘要	科目		借方金额								贷方金额								备注
	总账科目	明细科目	百	十	万	千	百	十	元	角	分	百	十	万	千	百	十	元	角	分	
合计																				

会计主管:　　　　记账:　　　　出纳:　　　　复核:　　　　填制:

收款凭证

收字第　　号

年　月　日

摘要	科目		借方金额									贷方金额									备注
	总账科目	明细科目	百	十	万	千	百	十	元	角	分	百	十	万	千	百	十	元	角	分	
合计																					

附单据　　张

会计主管：　　　记账：　　　出纳：　　　复核：　　　填制：

收款凭证

收字第　　号

年　月　日

摘要	科目		借方金额									贷方金额									备注
	总账科目	明细科目	百	十	万	千	百	十	元	角	分	百	十	万	千	百	十	元	角	分	
合计																					

附单据　　张

会计主管：　　　记账：　　　出纳：　　　复核：　　　填制：

付款凭证

年 月 日　　付字第　号

摘要	科目		借方金额									贷方金额									备注
	总账科目	明细科目	百	十	万	千	百	十	元	角	分	百	十	万	千	百	十	元	角	分	
合计																					

附单据　　张

会计主管：　　记账：　　出纳：　　复核：　　填制：

付款凭证

年 月 日　　付字第　号

摘要	科目		借方金额									贷方金额									备注
	总账科目	明细科目	百	十	万	千	百	十	元	角	分	百	十	万	千	百	十	元	角	分	
合计																					

附单据　　张

会计主管：　　记账：　　出纳：　　复核：　　填制：

付款凭证

年 月 日 付字第 号

摘要	科目		借方金额									贷方金额									备注
	总账科目	明细科目	百	十	万	千	百	十	元	角	分	百	十	万	千	百	十	元	角	分	
合计																					

附单据　　张

记账：　　　　出纳：　　　　复核：　　　　填制：

会计主管：

付款凭证

年 月 日 付字第 号

摘要	科目		借方金额									贷方金额									备注
	总账科目	明细科目	百	十	万	千	百	十	元	角	分	百	十	万	千	百	十	元	角	分	
合计																					

附单据　　张

记账：　　　　出纳：　　　　复核：　　　　填制：

会计主管：

付款凭证

年 月 日　　付字第　　号

摘要	科目		借方金额								贷方金额								备注
	总账科目	明细科目	百	十	万	千	百	十	元	角	分	百	十	万	千	百	十	元	角	分	
合计																					

附单据　　张

会计主管：　　记账：　　出纳：　　复核：　　填制：

付款凭证

年 月 日　　付字第　　号

摘要	科目		借方金额								贷方金额								备注
	总账科目	明细科目	百	十	万	千	百	十	元	角	分	百	十	万	千	百	十	元	角	分	
合计																					

附单据　　张

会计主管：　　记账：　　出纳：　　复核：　　填制：

付款凭证

付字第　　号

年　月　日

摘要	科目		借方金额								贷方金额								备注
	总账科目	明细科目	百	十	万	千	百	十	元	角	分	百	十	万	千	百	十	元	角	分	
合计																				

附单据　　　张

会计主管：　　　记账：　　　出纳：　　　复核：　　　填制：

付款凭证

付字第　　号

年　月　日

摘要	科目		借方金额								贷方金额								备注
	总账科目	明细科目	百	十	万	千	百	十	元	角	分	百	十	万	千	百	十	元	角	分	
合计																				

附单据　　　张

会计主管：　　　记账：　　　出纳：　　　复核：　　　填制：

付款凭证

年 月 日

付字第 号

摘要	科目		借方金额								贷方金额								备注
	总账科目	明细科目	百	十	万	千	百	十	元	角	分	百	十	万	千	百	十	元	角	分	
合计																					

附单据　　张

会计主管：　　　　记账：　　　　出纳：　　　　复核：　　　　填制：

付款凭证

年 月 日

付字第 号

摘要	科目		借方金额								贷方金额								备注
	总账科目	明细科目	百	十	万	千	百	十	元	角	分	百	十	万	千	百	十	元	角	分	
合计																					

附单据　　张

会计主管：　　　　记账：　　　　出纳：　　　　复核：　　　　填制：

付 款 凭 证

付字第　号

　　　年　月　日

摘要	科目		借方金额									贷方金额									备注
	总账科目	明细科目	百	十	万	千	百	十	元	角	分	百	十	万	千	百	十	元	角	分	
合计																					

附单据　　张

记账：　　　　　出纳：　　　　　复核：　　　　　填制：

会计主管：

付 款 凭 证

付字第　号

　　　年　月　日

摘要	科目		借方金额									贷方金额									备注
	总账科目	明细科目	百	十	万	千	百	十	元	角	分	百	十	万	千	百	十	元	角	分	
合计																					

附单据　　张

记账：　　　　　出纳：　　　　　复核：　　　　　填制：

会计主管：

付款凭证

付字第　号

年　月　日

摘要	科目		借方金额								贷方金额								备注
	总账科目	明细科目	百	十	万	千	百	十	元	角	分	百	十	万	千	百	十	元	角	分	
合计																				

附单据　张

记账：　　出纳：　　复核：　　填制：

会计主管：

付款凭证

付字第　号

年　月　日

摘要	科目		借方金额								贷方金额								备注
	总账科目	明细科目	百	十	万	千	百	十	元	角	分	百	十	万	千	百	十	元	角	分	
合计																				

附单据　张

记账：　　出纳：　　复核：　　填制：

会计主管：

付款凭证

年 月 日　　付字第　　号

摘要	科目		借方金额								贷方金额								备注
	总账科目	明细科目	百	十	万	千	百	十	元	角	分	百	十	万	千	百	十	元	角	分	
合计																				

附单据　　张

会计主管：　　记账：　　出纳：　　复核：　　填制：

付款凭证

年 月 日　　付字第　　号

摘要	科目		借方金额								贷方金额								备注
	总账科目	明细科目	百	十	万	千	百	十	元	角	分	百	十	万	千	百	十	元	角	分	
合计																				

附单据　　张

会计主管：　　记账：　　出纳：　　复核：　　填制：

付款凭证

付字第　　号

年　月　日

摘要	科目		借方金额								贷方金额								备注
	总账科目	明细科目	百	十	万	千	百	十	元	角	分	百	十	万	千	百	十	元	角	分	
合计																				

附单据　　张

记账：　　　　出纳：　　　　复核：　　　　填制：

会计主管：

付款凭证

付字第　　号

年　月　日

摘要	科目		借方金额								贷方金额								备注
	总账科目	明细科目	百	十	万	千	百	十	元	角	分	百	十	万	千	百	十	元	角	分	
合计																				

附单据　　张

记账：　　　　出纳：　　　　复核：　　　　填制：

会计主管：

付款凭证

年　月　日　　付字第　号

摘要	科目		借方金额								贷方金额								备注
	总账科目	明细科目	百	十	万	千	百	十	元	角	分	百	十	万	千	百	十	元	角	分	
合计																				

附单据　　张

会计主管：　　　记账：　　　出纳：　　　复核：　　　填制：

付款凭证

年　月　日　　付字第　号

摘要	科目		借方金额								贷方金额								备注
	总账科目	明细科目	百	十	万	千	百	十	元	角	分	百	十	万	千	百	十	元	角	分	
合计																				

附单据　　张

会计主管：　　　记账：　　　出纳：　　　复核：　　　填制：

付款凭证

年 月 日　　付字第　　号

摘要	科目		借方金额								贷方金额								备注
	总账科目	明细科目	百	十	万	千	百	十	元	角	分	百	十	万	千	百	十	元	角	分	
合计																				

附单据　　张

会计主管：　　记账：　　出纳：　　复核：　　填制：

付款凭证

年 月 日　　付字第　　号

摘要	科目		借方金额								贷方金额								备注
	总账科目	明细科目	百	十	万	千	百	十	元	角	分	百	十	万	千	百	十	元	角	分	
合计																				

附单据　　张

会计主管：　　记账：　　出纳：　　复核：　　填制：

付款凭证

年 月 日　　付字第　号

摘要	科目		借方金额									贷方金额									备注
	总账科目	明细科目	百	十	万	千	百	十	元	角	分	百	十	万	千	百	十	元	角	分	
																					附单据　张
合计																					

会计主管：　　　　记账：　　　　出纳：　　　　复核：　　　　填制：

付款凭证

年 月 日　　付字第　号

摘要	科目		借方金额									贷方金额									备注
	总账科目	明细科目	百	十	万	千	百	十	元	角	分	百	十	万	千	百	十	元	角	分	
																					附单据　张
合计																					

会计主管：　　　　记账：　　　　出纳：　　　　复核：　　　　填制：

付款凭证

付字第　号

年　月　日

科目		借方金额									贷方金额									备注
总账科目	明细科目	百	十	万	千	百	十	元	角	分	百	十	万	千	百	十	元	角	分	附单据　张
摘要																				
合计																				

会计主管：　　　记账：　　　出纳：　　　复核：　　　填制：

付款凭证

付字第　号

年　月　日

科目		借方金额									贷方金额									备注
总账科目	明细科目	百	十	万	千	百	十	元	角	分	百	十	万	千	百	十	元	角	分	附单据　张
摘要																				
合计																				

会计主管：　　　记账：　　　出纳：　　　复核：　　　填制：

付 款 凭 证

付字第　　号

　　年　月　日　　　　　　　　　　　　　　　　　　　　　　　　　　　附单据　　　张

科目		借方金额									贷方金额									备注
总账科目	明细科目	百	十	万	千	百	十	元	角	分	百	十	万	千	百	十	元	角	分	
合计																				

摘要

会计主管：　　　　记账：　　　　出纳：　　　　复核：　　　　填制：

转 账 凭 证

转字第　　号

　　年　月　日　　　　　　　　　　　　　　　　　　　　　　　　　　　附单据　　　张

科目		借方金额									贷方金额									备注
总账科目	明细科目	百	十	万	千	百	十	元	角	分	百	十	万	千	百	十	元	角	分	
合计																				

摘要

会计主管：　　　　记账：　　　　出纳：　　　　复核：　　　　填制：

转账凭证

年 月 日　转字第　号

摘要	科目		借方金额									贷方金额									备注
	总账科目	明细科目	百	十	万	千	百	十	元	角	分	百	十	万	千	百	十	元	角	分	
																					附单据 张
合计																					

会计主管：　　记账：　　出纳：　　复核：　　填制：

转账凭证

年 月 日　转字第　号

摘要	科目		借方金额									贷方金额									备注
	总账科目	明细科目	百	十	万	千	百	十	元	角	分	百	十	万	千	百	十	元	角	分	
																					附单据 张
合计																					

会计主管：　　记账：　　出纳：　　复核：　　填制：

转账凭证

转账凭证（一）

转字第　　号

年　月　日

摘要	科目		借方金额								贷方金额								备注
	总账科目	明细科目	百	十	万	千	百	十	元	角	分	百	十	万	千	百	十	元	角	分	附单据　　张
合计																				

会计主管：　　　　记账：　　　　出纳：　　　　复核：　　　　填制：

转账凭证（二）

转字第　　号

年　月　日

摘要	科目		借方金额								贷方金额								备注
	总账科目	明细科目	百	十	万	千	百	十	元	角	分	百	十	万	千	百	十	元	角	分	附单据　　张
合计																				

会计主管：　　　　记账：　　　　出纳：　　　　复核：　　　　填制：

转账凭证

　　　年　月　日　　　　转字第　号

摘要	科目		借方金额									贷方金额									备注
	总账科目	明细科目	百	十	万	千	百	十	元	角	分	百	十	万	千	百	十	元	角	分	
																					附单据　　张
合计																					

会计主管：　　　　记账：　　　　出纳：　　　　复核：　　　　填制：

转账凭证

　　　年　月　日　　　　转字第　号

摘要	科目		借方金额									贷方金额									备注
	总账科目	明细科目	百	十	万	千	百	十	元	角	分	百	十	万	千	百	十	元	角	分	
																					附单据　　张
合计																					

会计主管：　　　　记账：　　　　出纳：　　　　复核：　　　　填制：

转 账 凭 证

年　月　日　　　　　　　　　　　　　　　　　转字第　　号

摘要	科目		借方金额									贷方金额									备注
	总账科目	明细科目	百	十	万	千	百	十	元	角	分	百	十	万	千	百	十	元	角	分	
合计																					

附单据　　　张

会计主管：　　　　记账：　　　　出纳：　　　　复核：　　　　填制：

转 账 凭 证

年　月　日　　　　　　　　　　　　　　　　　转字第　　号

摘要	科目		借方金额									贷方金额									备注
	总账科目	明细科目	百	十	万	千	百	十	元	角	分	百	十	万	千	百	十	元	角	分	
合计																					

附单据　　　张

会计主管：　　　　记账：　　　　出纳：　　　　复核：　　　　填制：

转账凭证

转账凭证（一）

转字第　号

年　月　日

摘要	科目		借方金额								贷方金额								备注
	总账科目	明细科目	百	十	万	千	百	十	元	角	分	百	十	万	千	百	十	元	角	分	
合计																				

附单据　　张

会计主管：　　　　记账：　　　　出纳：　　　　复核：　　　　填制：

转账凭证（二）

转字第　号

年　月　日

摘要	科目		借方金额								贷方金额								备注
	总账科目	明细科目	百	十	万	千	百	十	元	角	分	百	十	万	千	百	十	元	角	分	
合计																				

附单据　　张

会计主管：　　　　记账：　　　　出纳：　　　　复核：　　　　填制：

转账凭证

年 月 日 转字第 号

附单据 张

摘要	科目		借方金额								贷方金额								备注
	总账科目	明细科目	百	十	万	千	百	十	元	角	分	百	十	万	千	百	十	元	角	分	
合计																					

会计主管：　　　　记账：　　　　出纳：　　　　复核：　　　　填制：

转账凭证

年 月 日 转字第 号

附单据 张

摘要	科目		借方金额								贷方金额								备注
	总账科目	明细科目	百	十	万	千	百	十	元	角	分	百	十	万	千	百	十	元	角	分	
合计																					

会计主管：　　　　记账：　　　　出纳：　　　　复核：　　　　填制：

附件二　空白账页

库存现金日记账

币种：　　　　　　　　　　　　　　　　　　　　　　　　　　　　　　　　　　　　第　页　共　页

月	日	凭证号	摘要	对方科目	借方								贷方								借或贷	余额							
					千	百	十	万	千	百	十	元	角	分	千	百	十	万	千	百	十	元	角	分		千	百	十	万	千	百	十	元	角	分

库存现金日记账

币种：

第 页 共 页

月	日	凭证号	摘要	对方科目	借方								贷方								借或贷	余额							
					千	百	十	万	千	百	十	元	角	分	千	百	十	万	千	百	十	元	角	分		千	百	十	万	千	百	十	元	角	分

库存现金日记账

币种：　　　　　　　　　　　　　　　　　　　　　　　　　　　　第　页　共　页

月	日	凭证号	摘要	对方科目	借方（千 百 十 万 千 百 十 元 角 分）	贷方（千 百 十 万 千 百 十 元 角 分）	借或贷	余额（千 百 十 万 千 百 十 元 角 分）

库存现金日记账

第 页 共 页

币种：

月	日	凭证号	摘要	对方科目	借方									贷方									借或贷	余额								
					千	百	十	万	千	百	十	元	角	分	千	百	十	万	千	百	十	元	角	分		千	百	十	万	千	百	十	元	角	分

银行存款日记账

第　页 共　页

开户银行：　　　　　　　　　　　银行账号：　　　　　　　　　　　币种：

月	日	凭证号	摘要	对方科目	收入（借方）金额									支出（贷方）金额									借或贷	结存余额（金额）									核对
					千	百	十	万	千	百	十	元	角	分	千	百	十	万	千	百	十	元	角	分		千	百	十	万	千	百	十	元	角	分	

银行存款日记账

第　　页　共　　页

开户银行：　　　　　　　　　　　　银行账号：　　　　　　　　　　　　币种：

月	日	凭证号	摘要	对方科目	收入（借方）金额									支出（贷方）金额									借或贷	结存余额（金额）									核对
					千	百	十	万	千	百	十	元	角	分	千	百	十	万	千	百	十	元	角	分		千	百	十	万	千	百	十	元	角	分	☐

银行存款日记账

第　页　共　页

开户银行：　　　　　　　　　　　银行账号：　　　　　　　　　　　币种：

月	日	凭证号	摘要	对方科目	收入（借方）金额									支出（贷方）金额									借或贷	结存余额（金额）									核对
					千	百	十	万	千	百	十	元	角	分	千	百	十	万	千	百	十	元	角	分		千	百	十	万	千	百	十	元	角	分	

银行存款日记账

第 页 共 页

币种：

银行账号：

开户银行：

月	日	凭证号	摘要	对方科目	收入（借方）金额									支出（贷方）金额									借或贷	结存余额（金额）									核对
					千	百	十	万	千	百	十	元	角	分	千	百	十	万	千	百	十	元	角	分		千	百	十	万	千	百	十	元	角	分	

银行存款日记账

第 页 共 页

开户银行：　　　　　　银行账号：　　　　　　币种：

月	日	凭证号	摘要	对方科目	收入（借方）金额									支出（贷方）金额									借或贷	结存余额（金额）									核对
					千	百	十	万	千	百	十	元	角	分	千	百	十	万	千	百	十	元	角	分		千	百	十	万	千	百	十	元	角	分	